전문의가 알려주는

정신과 사용법

전문의가 알려주는

정신과 사용법

정신과 문을 여는 게 두려운 사람들을 위한 안내서

나해인 지음

앤의서재

하나. 의사로 일을 하며 느낀 점이 있다. 환자를 이해시키기 위한 의사의 설명은, 한 번으로는 부족하다는 것이다. 내가 환자가 되어 보니 더 명확하더라. 머리로는 아는 내용일지라도 마음으로 받아들이는 데 시간이 필요했다. 그래서 의사는 같은 내용을 반복해서 잘 설명해야 하는 사람이구나, 생각했다. 정신과 전문의가 되고 나서는 '좀 더 잘 듣는' 사람까지 돼야 했다. 문제는 시간이 부족하다는 것이었다. 정신과는 잘 듣기만 해도 부족한 시간에 설명할 내용들이 너무 많았다. 용기를 내 진료실에 들어온 내담자조차 '약을 먹기 시작하면 평생 먹어야 하는 건 아닌지' 불안해했다. 이런 경우 내담자의 마음을 충분히 들으면서 한편으론 불안을 낮추기 위한 설명의 시간도 필요했다. 그리고 이 설명은 앞서 말한대로 내담자가 받아들일수 있을 때까지 계속해야 했다. 그렇다면 진료실에서 하루에도 몇 번씩 반복해서 하는 이야기가 한 권의 책으로 정리되어 있다면 좋지 않을까? 누구든 정신과 문제로 불안할 때마다 반복해서 볼 수 있는 책이 있다면?

둘. 정신과 의사의 지인들은 모두 정신과 진료에 호의적이거나 개방적일 거라 생각하기 쉽다. 아주 틀렸다. 정신과에 대한 두려움은 배움의 길이가 길든 짧든, 경제적인 상황이 어렵든 풍족하든 상관없었다. 적어도 나는 아끼는 지인들이 죽을 만큼 힘들지만 정신과에 가는 것은 두렵다고 하소연하는 상황을 왕왕 겪었다. 그럴 때마다 치료를 받아야 하는 이유를 최대한 뇌과학적으로 설명하며 설득하려 애썼다. 정신과 의사를 친구로 둔 사람은 이런 얘기를 들을 수라도 있지만 그렇지 않다면? 이런 얘기를 들을 수도 없는 사람들이 정말 정신과 문턱을 넘을 수 있을까? 이 내용을 책으로 전달할 수 있다면?

이 책은 이 두 가지 고민을 하던 중 귀한 기회가 닿아 쓸 수 있었다.

책은 크게 네 부분으로 구성된다. A파트는 '정신과에 대한 오해와 편견'을 다룬다. 정신과 약물은 중독된다거나, 정신과 기록은 평생 따라다닌다는 등의 잘못된 상식과 확산된 불안들을 바로잡고자 했다. B파트는 우울, 불안, 불면 등 현대인들이 흔히 겪는 다양한 정신과적 질환의 증상과 치료 과정을 설명했다. 각 질환을 너무 길지 않게 다루되, 증상을 충분히 포함시켜 나의 상황을 돌아볼 수 있게 구성했다. 특히 생물학적, 환경적, 심리/인지적 원인을 살펴 정신과적 증상이 그저 '의지와 정신력의 문제'가 아닌 다양한 원인이 복합적으로 만든 '치료가 필요한 질환'임을 확실히 하고자 했다. C파트는 정신과를 선택하는 방법, 그리고 정신과에 처음 방문했을 때 일어나는 일들을 생생하게 작성했다. 너무 막막한 일은 쉽게 선택할 수가 없다. 정신과에 갔을 때 어떤 방식으로 일이 진행되는지 알지 못하면 정신과 문턱을 넘기 어려울 수 있다. C파트는 그런 막막함을 줄이기 위해 정신과 진료의 청사진을 보여주는 파트로 구성했다. 마지막으로 D파트는 진료실에서 많이 들었던 질문을 바탕으로 치료 과정에 도움이 되는 구체적인 내용을 담았다. 또한 내담자뿐 아니라 그들의 보호자나 친구에게 하고 싶은 이야기도 이곳에 담았다.

이 책은 크게 세 그룹의 독자를 생각하며 썼다. 첫째는 정신과 치료를 고민하고 있는 사람이다. 이 책이 당신에게 정신과 치료를 결정하는 데 필요한 정보를 제공하고, 두려움을 덜어내는 데 도움이 되길 바란다. 부디 내가 당신의 '아는 정신과 의사'라는 느낌으로 이 책의 내용이 다정하게 전달되길 빈다. 둘째는 정신과 치료를 받는 가족이나 지인이 있는 사람이다. 사랑하는 사람의 어려움을 이해하고 돕는 방법을 찾는 데 한 줄이라도 당신에게 도움이 된다면 정말 기쁠 것이다. 마지막은 현재 치료를 받고 있는 사람이다. 나는 이 책이 정신과 치료를 받으며 당신이 불안을 느낄 때마다 옆에서 응원해 주는 정신과 의사의 역할을 하길 바란다. 앞서 말했듯이 머리로는 알고 있어도 마음은 여전히 불안할 수 있다. 그럴 때 인터넷에 들어가서 밤새 검색하며 불안을 키우기보다 이 책을 발췌독하며 "그래 맞아, 이랬었지." 하고 숨 돌릴 수 있길, 진심으로 바란다. 이 책은 순서대로 읽을 필요가 없다. 현재 가장 궁금하거나 필요한 부분부터 봐도 무방하다.

치료란 결코 쉽지 않은 여정이다. 때로는 한 걸음 앞으로 가기 위해 두 걸음 뒤로 물러나야 할 때도 있다. 하지만 그 과정에서 우리는 자신을 더 깊이 이해하게 되고, 더 단단해진다는 것을 나는 믿는다. 나는 책을 쓰던 중 갑작스러운 건강 기능의 상실을 경험했다. 나로서는 절망스러웠지만 의사로서는 좀 더 단단해질 수 있었다. '환자'의 자리는 누구보다 바쁘더라. 치료를 받으러 병원을 오가야 하며, 아픈 내 몸 상태에 대해서 공부도 해야 한다. 무엇보다 마음이 바쁘다. 환자의 마음은 '내가 왜 이렇게 되었을까.'를 찾으며 과거를 헤매다가, '계속 증상이 이렇게 심하면 어떻게 살지.' 하며 미래를 헤매곤 한다. 그 마음의 고단함을 누구보다 잘 안다. 그 고단한 와중에 이 책을 펼친 당신의 노력과 용기가 참으로 고맙다. 아파보니 누군가 나를 위해 간절히 빌어주는 것만큼 값진 일이 없더라. 그렇게 간절히 비는 마음으로 이 책을 당신께 보낸다.

2024년 겨울
나해인

당신이 오해하고 있는
정신과에 대한
모든 것

정신과,
이런 마음의 일들을
다룹니다

그렇다고
아무 데나 가지 마세요,
골라 가세요!

똑똑똑,
정신과 문을 연 당신이 알아야 할
A TO Z

당신이 오해하고 있는
정신과에 대한
모든 것

정신과는

심각한 문제가 있는 사람만

가는 곳이다?

진료실에서 사람들을 만날 때 가장 안타까운 것 중 하나가 병을 키워 오는 것이다. 분명 오랫동안 힘들었을 텐데 왜 이제야 오신 건지 물으면 대개 답은 이렇다. "이 정도 증상으로 병원에 와도 되는 건지 몰랐어요." "큰맘 먹고 병원에 갔는데 병도 없으면서 왜 왔냐고 할까 봐 무서웠어요." 이렇게 우리는 아픔에서조차 기준이 높다. 일상이 처참히 망가질 정도는 돼야 치료받을 자격이 된다고 생각하는 것 같다. 고통은 참다 보면 익숙해지기도 한다. 하지만 고통에 익숙해진다고 아프지 않은 것은 아니다. 또 참는다고 고통이 사라지는 것도 아니다. 그런데도 너무 많은 사람들이 참고 참아 자신을 망가뜨린 후에야 병원을 찾는다.

정말 정신과는 소위 말하는 '이상한' 사람들만 가는 곳일까? 단언컨대 아니다. 사실 정신과는 내가 어떠한 상태에 있든 도움을 받을 수 있는 곳이다. 정신건강은 크게 3단계로 나뉜다.

먼저 '아픈 상태'는 증상으로 인해 일상생활이 어려운 상태를 말한다. 스트레스, 불안, 우울 등의 부정적인 감정 또는 증상으로 인해 하던 일도 못 하고 대인관계에도 문제가 생긴다. 이 상태에서는 진단과 약물치료, 심리치료가 필요하다. 정신과가 가장 많이 개입하는 단계다.

그러나 두드러진 증상이 사라지고 일상생활을 문제없이 유지하는 '보통의 상태'가 된 후에도 계속 정신과를 다니는 경우가

행복한 상태 well-being	긍정적인 감정과 높은 삶의 만족도를 느끼는 건강한 상태	명상, 마음 챙김, 독서, 긍정 심리학 기법 및 정신분석
보통의 상태 normal-being	두드러진 감정적 문제없이 일상생활을 유지하는 상태	스트레스 관리 및 스스로를 더 깊게 이해하기 위한 심리상담
아픈 상태 ill-being	심리적으로 매우 불편한 상태	진단 및 평가, 약물치료, 심리치료, 외래, 통원치료 또는 입원치료

많다. 일상에서 스트레스를 좀 더 잘 다루고, 자신에 대한 이해도
를 높여, 증상이 재발하는 것을 막기 위해서다. 시도 때도 없이
불안한 '아픈 상태'는 아니지만, 돌발 상황에서 남들보다 쉽게 불
안해지는 자신을 더 잘 이해하고 그에 맞는 대책을 세우기 위해
진료받는 것이 그 예다. 또 단기적인 스트레스 관리를 위해 병원
에 오기도 한다. 갑작스러운 실연의 상처나, 상사의 구박으로 스
트레스 조절이 어려울 때 정신과를 찾는 것이다. 자기를 잘 이해
하면 자기를 더 잘 챙길 수 있다. 자기를 잘 챙기다 보면 삶의 만
족도가 높은 '행복한 상태'가 된다. 이런 행복한 상태를 유지하고

객관적으로 상황을 확인하기 위해 진료를 지속하기도 한다.(이 경우 약 없이 상담만 진행하는 편이다.) 그러니 아픈 사람부터 행복한 사람까지 모두 찾는 곳이 정신과다.

물론 보통의 상태에서 행복한 상태로 가기 위한 방법이 병원 진료만 있는 것은 아니다. 또 많은 경우 병원에서 '아픈 상태'에만 집중하기도 벅찬 게 현실이다. 중요한 것은 정신과는 '이상한' 사람이나 심각한 증상을 겪는 사람만 가는 곳이 아니라는 것이다. 오히려 자신의 문제를 용기 있게 마주하고 해결하려는 의지를 가진 사람들이 정신과를 찾는다. 나는 진료실에서 똑똑하고 기민하며 다정한 사람들을 정말 많이 만난다. 그러니 이상하거나 죽을 만큼 심각한 사람들만 병원에 간다고 생각하지 말자. 누구나 자신만의 고통을 가지고 있고 더 나은 삶을 살기 위해서 그 고통을 해결할 권리가 있다.

정신과, 온전히 나에게만 집중하는 곳

우리는 여유를 갖기 힘든 시대를 살고 있다. 남들과 끝없이 비교하고 경쟁하다 보니 만성적인 에너지 고갈에 시달린다. 에너지 고갈로 마음에 여유가 없으면 타인의 힘듦을 안아줄 수 없다. 내가 남의 어려움을 들어주기 어려우니 내 어려움도 털어놓기 어렵다. 여유 없는 사회는 그렇게 서로의 감정을 품어주는 관계의 기능을 빼앗아 버린다. 결국 위로조차 각자도생이다. 내가 나를 달래줄 수밖에 없다. 하지만 안타깝게도 타인을 안아줄 여유가 없다는 것은 자신을 안아줄 여유가 없다는 말과 같다. 게다가 우리는 부정적인 감정을 억누르는 방법만 배웠다. 감정은 조절해야 하는 것이고 조절에 실패하면 미성숙한 사람이라고 배웠다. 그러다 보니 힘든 자신을 달래주기는커녕 나는 왜 이 모양이냐고, 왜 내 마음 하나 단속하지 못하냐고 다그치기 일쑤다.

스스로에게 너무 야박하게 굴지 말자. 우리가 자기 위로에 서투른 것은 어쩌면 당연하다. 한 번도 제대로 배워본 적이 없기 때문이다. 많은 사람들이 타인을 위해 살아간다. 가족의 기대에 부응하기 위해서, 회사의 실적을 위해서, 친구들에게 무시당하지 않기 위해서. 그러다 보니 온전히 나에게 집중해 본 적이 거의 없다. 나에게 집중해 본 적이 없는데 내 마음은 어떻게 알아차리고, 어떻게 달래주겠는가. 진료실에서 내담자에게 "지금 마음은 어떤가요?" 하고 물으면 모르겠다고 대답하는 경우가 태반이다. 이런 우리가 자기 자신과 가까워지고 온전히 나에게 집중해 보는 곳이 정신과다.

진료실에서는 나의 존재와 나의 이야기, 나의 상태만이 중요하다. 또 스트레스, 고민, 혼란한 마음을 안전하게 터놓는 공간이기도 하다. 주변에 걱정 끼치고 싶지 않다는 이유로 약한 모습을 숨기거나 연락을 끊는 경우가 있다. 그럴 때는 정신과를 찾는 것이 도움이 된다. 상담을 통해 자신이 가진 어려움을 인지하고 스스로를 잘 다독여 주면 주변 사람들과 더욱 건강한 관계를 유지할 수 있다.

그렇다고 정신과가 무작정 위로만 받는 곳은 아니다. 정신과 의사는 말의 내용뿐만 아니라 말하는 이의 표정, 몸짓 등에 숨은 의미를 파악하기 위해 온몸으로 듣는 사람이다. 상대가 말로 표현하지 못하는, 또는 미처 깨닫지 못한 감정까지 파악하려 애쓰고, 파악한 내용을 정리해서 돌려주려 노력한다. 질문을 통해 상대의 마음의 자리에 함께 서있어 주려 애쓴다. 모르겠다는 말 뒤에 숨은, 사실은 엉엉 울며 말하고 싶은데 그러지 못하는 어려움과 속상함을 읽는다. 그리고 그간 보지 못했던 문제의 또 다른 면을 객관적인 시각에서 바라보자고 권한다. 전문가의 시선으로 상황을 해석하고 대비책을 제시하기도 한다.

스스로 정신과를 찾는 사람 중 특출하게 이상한 사람은 거의 없다. 극단적 음모론을 믿으며 과격 시위를 벌이거나, 남에게 끔찍한 상처를 주는 경우도 거의 없다. 정말로 이상한 사람들은 스스로 병원에 오지 않는다. 스스로 병원에 오는 사람들은 우리가 살면서 만나는 보통 사람들이다. 나는 그들이 다만 마음의 해상도가 남다르게 높다고 설명한다. 해상도가 높은 사람들은 더 정교한 카메라 렌즈를 가지고 있다. 남들이 100만 화소로 세상을 보고 있다면, 이들은 1,000만 화소로 본다. 다른 사람들은 보지 못하는 세세한 디테일까지 선명하게 포착한다. 그러다 보니 거슬리는 것도 많고 눈치 볼 것도 많다. 남들은 따끔하다고 느끼는 통증을 피부가 찢기듯이 아프게 느낀다. 모든 걸 섬세하게 느끼는 자신에게 불만이 쌓이고 시시때때로 화가 나기도 한다. 하지만 그 높은 해상도 덕에 더 많은 것을 보고, 더 깊게 느끼며, 더 섬세하게 세상을 이해할 수 있다. 상대의 미세한 감정 변화나 비언어적 신호를 놓치지 않고 포착하는 뛰어난 커뮤니케이터가 많고, 대부분의 사람들이라면 그냥 스쳐 지나갈 차별과 편견을 예리하게 포착해 이를 개선하기 위해 적극적으로 행동하기도 한다. 이처럼 높은 해상도는 무거운 짐이 되기도 하지만, 세상을 더 나은 곳으로 만드는 특별한 재능이 될 수도 있다. 그러니 스스로에게 좌절하기보다는 자신의 해상도를 인정하고 받아들이는 것이 중요하다. 정신과는 그 과정에서 큰 도움이 될 수 있다.

모든 건 다

마음먹기에

달렸다?

"차라리 뼈가 부러지거나 상처라도 크게 났으면 좋겠어요. 그러면 우울하다고 해도 사람들이 이해할 텐데…"

진료실에서 만난 많은 사람들이 이 같은 어려움을 호소한다. 나는 너무 아프고 힘든데 정신질환과 증상은 이해를 시키기도, 받기도 어렵다. 그래서일까. 정신과에 오면 유독 원인을 알고 싶어 한다. 스스로가 이해가 안 되고 답답한데 주변은 어떻게 이해시키겠는가. 게다가 정신과 치료를 받는다는 것 자체가 약점인 양 취급하는 능력주의 사회다. 마음이 힘든 건 개인의 의지로 극복해야 한다는 소리가 유령처럼 사회를 맴돈다.

도대체 정신질환의 원인은 무엇일까? 안타깝게도 답은 '잘 모른다'이다. 하나의 원인만으로 생기는 정신질환은 거의 없다. 그런데 사실 대부분의 병이 그렇다. 스트레스를 받고, 잠을 안 자고, 나쁜 식습관으로 살이 많이 찌면 고혈압 위험이 높지만 반드시 고혈압이 생기는 것은 아니다. 질환은 유전적인 요인과 어느 정도의 불운이 섞여서 발생한다. 누구도 스스로 나약해서 병이 생겼다며 자책하거나 다 마음먹기 달렸으니 이겨내라고 다그치지 않는다. 정신질환도 그래야 한다.

현대 정신의학에서는 정신질환이 생물학 요인, 환경 요인, 심리/인지 요인 등이 복합적으로 작용해 발생한다고 본다. 선천적으로 뇌의 신경전달물질이 적게 분비되거나 기능 일부분이 떨어진 사람들이 있다. 이를 생물학적으로 취약하다고 한다. 환경 요인은 발견하기 쉬운 편이다. 실직, 괴롭힘, 실연 같은 '사건'이나 경제적 어려움, 가정폭력 같은 '상황'이 포함된다. 감정적, 경제적으로 지지해 주는 가족이나 친구가 있는지 없는지 여부도 여기에 들어간다. 마지막으로 심리/인지 요인에는 무의식적으로 사용하는 방어기제나 왜곡된 생각, 신념 들이 포함된다. 무의식적이고 습관적으로 사용하는 심리/인지 패턴이기 때문에 스스로 문제점을 발견하기 어려운 항목이기도 하다. 이 세 가지 축은 누구나 갖고 있고 항상 작동하고 있다. 여기에 몇 가지 취약성이 맞아떨어졌을 때 증상이나 질환이 나타나는 것이다.

우울증을 앓고 있는 P의 예를 살펴보자. P의 아버지는 사회적으로 성공했음에도 갑자기 빈털터리가 될 것 같다는 불안감이 심했다. 그래서 P에게 '성공을 해야만 가치 있는 인간'이라고 잔소리하며 P가 실수를 하면 크게 실망하는 티를 냈다. 다행히 성실한 P는 열심히 공부해서 잘나가는 전문직 종사자가 됐다. 그러던 어느 날 P는 만나던 사람에게 갑작스러운 이별을 통보받았다. 남들은 더 좋은 사람을 만나면 된다며 위로했지만 P는 자신이 실패했다는 생각이 들면서 무너져 내렸다. 자신도 이해할 수 없을 정도로 우울감이 심해 일도 하지 못할 지경에 이르렀다. 더 큰 문제는 정신과에 가는 것 또한 실패로 여겨 병을 키웠다는 것이다.

P는 업무 문제로 휴직 권유를 받은 후에야 문제의 심각성을 느끼고 병원을 찾았다.

P의 사례는 세 가지 축의 취약성이 어떻게 맞물려 증상으로 발현되는지 잘 보여준다. 생물학적으로는 불안에 대한 유전적 취약성이, 환경적으로는 실연이라는 상황이, 심리적으로는 '성공해야만 가치 있는 사람'이라는 왜곡된 신념이 서로 작용해 우울증이 발생했다. P에게 실연은 단순히 헤어짐이 아닌 '실패에 대한 불안'을 건드리는 스위치였던 것이다. 정신과에서는 이 스위치를 찾는 작업을 한다.

스위치를 왜 찾아야 할까? 스위치 즉, 취약성은 반대로 생각해 보면 보완할 수 있다는 뜻이기 때문이다. 그래서 많은 사람들이 환경 요인을 보완하기 위해 스트레스를 덜 받을 수 있는 상황을 만들거나, 취미 활동을 즐기거나, 휴식을 취한다. 가벼운 우울감이나 불안 같은 증상들은 자연히 좋아지기도 한다. 문제는 많은 취약성들이 오랜 세월 쌓이고 굳어 혼자의 힘으로, 또는 간단한 휴식으로는 바꾸기 어려운 경우다.

취약성은 건물의 균열과 같다. 균열은 건물을 지을 때 생길 수도, 비바람을 막다 보니 생길 수도 있다. 균열의 크고 작음은 있을지언정 균열이 없는 건물은 없다. 다만 보수할 뿐이다. 이런 균열을 무시하면 건물은 결국 무너진다. 사람도 마찬가지다. 우리는 다 어느 정도의 취약성을 가지고 있다. 이를 무시하면 나도 모르게 취약한 부분들의 합이 맞아떨어지면서 꿈쩍도 못 할 만큼 힘든 상황에 처할 수 있다. 이럴 때 모든 건 마음먹기 달렸으니 정신력으로 이겨내야 한다는 말은 상황을 더 악화시킬 뿐이다. 건물이 무너지고 있는데 튼튼한 집에 살고 있다고 마음먹으라는 바보는 없다. 무너진 건물을 다시 세우는 것보다 작은 균열을 보수하는 것이 훨씬 쉽다. 우리도 취약한 스위치를 찾아 다독이고 채우며 살아야 한다.

정신과 치료를 받으면

머리가 나빠진다?

정신과 치료에 대한 대표적인 오해 중 하나가 바로 '정신과 치료를 받으면 머리가 나빠진다.'는 것이다. '정신과 약은 멀쩡한 사람도 바보로 만든다.' '약을 먹으면 치매가 빨리 온다.' 등 비슷한 오해도 넘쳐난다. 답부터 말하자면, 절대 아니다. 그럼에도 이런 공포가 생긴 이유를 두 가지 정도 꼽아볼 수 있다.

첫 번째는 정신과 약물에 대한 연구가 폭발적으로 시작된 1950년경 만들어진 1세대 약물들의 부작용이 많았기 때문이다. 그때는 조현병이나 극심한 우울증에 대한 별다른 치료법이 없었다. 따라서 부작용이 있더라도 감수하고 사용하는 수밖에 없던 시기였다. 초기의 많은 약물들은 졸리고 멍해지는 진정효과와 신체의 떨림을 포함해서 움직임을 둔하게 만드는 부작용이 많았다. 약을 먹으면 행동이 둔해지고 일상생활을 못 할 정도로 잠을 많이 자니 바보가 된다는 말이 나온 것이다.

그러나 1990년경 2세대 약물들이 등장하면서 1세대 약물이 가졌던 부작용이 크게 줄어들었다. 물론 지금도 망상이나 환청 등의 증상이 심해 위험할 수 있는 환자에게는 진정효과가 큰 약물을 사용한다. 이는 술을 많이 마시고 난동을 부리는 친구를 잡아끌어서라도 집으로 데려가 재우는 것과 마찬가지다. 환자가 회복 후 증상을 수치스럽게 느끼지 않게 하기 위한 노력 중 하나인 것이다. 증상이 심해서 약의 용량이 높을 때 나타났던 부작용은 증상이 나아져 약을 줄일 때 대부분 사라진다. 뿐만 아니라 정신과 약물로 인한 영구적인 인지능력 저하에 대한 연구 증거는 단 하나도 없다.

두 번째는 정신과에 내원하는 많은 내담자들이 안정제나 수면제를 처방받기 때문이다. 이런 약은 뇌의 각성을 줄이고 근육을 이완시킨다. 따라서 멍해지거나 일에 집중하기 힘들 수 있다. 항우울제도 팽팽 돌아가던 부정적인 사고를 줄여주는 작용 때문에 집중력이 떨어지고 나른하다고 느끼는 경우가 있다. 그러나 대부분 약의 사용 시간이나 용량을 조절하면 쉽게 해결할 수 있다.

제때 치료받지 않으면 일어나는 일들

모든 병은 오래 앓을수록 치료가 어렵고 오래 걸린다. 환부가 망가지고 변형되기 때문이다. 정신과적 증상도 마찬가지다. 오래 앓은 증상일수록 치료가 어렵다. 치료를 제때 받지 않으면 뇌가 망가질 수 있다. 즉, 증상이 있을 때 빨리 병원에 가라고 하는 건 뇌를 보호하기 위해서다.

증상이 나타났다는 것은 이미 뇌가 생물학적으로 불안정해졌다는 뜻이다. 예전에는 성장이 끝나면 뇌는 변하지 않는다고 생각했다. 그러나 뇌는 한번 고정되면 변하지 않는 기계가 아니다. 뇌는 경험에 반응해서 구조와 기능을 변화시키는 능력을 가지고 있다. 이를 신경가소성이라고 부른다. 반복하는 행동을 담당하는 신경회로는 굵어지고, 굵어지면 신경전달 속도도 빨라진다. 습관도 이런 뇌의 특징 덕분에 만들어진다. 매일 오가는 출퇴근길을 항상 새롭게 느끼며 확인하고 다니는 사람은 없다. 대부분 몸이 이끄는 대로 핸드폰을 하거나 딴생각을 하면서 이동한다. 이미 그 길을 오가는 행동이 뇌 속에서 습관으로 굳혀졌기 때문이다. 불안이나 우울 같은 부정적인 감정도 습관이 된다. 불안회로를 가열하게 돌리면 더 작은 자극에도 쉽게 불안해진다. 불안회로가 많이 쓰인 만큼 쉽게 작동하기 때문이다. 우울도 마찬가지다. 몸이 똑같은 출근길로 자연스럽게 나를 이끌 듯이, 감정이 뇌에 있는 우울의 길로 나를 쉽게 이끈다. 다시 말해, 치료받지 않은 채 증상을 반복해서 경험하면, 그 증상을 일으키는 신경회로들이 발달해 습관적으로 증상이 나타난다.

이런 신경가소성은 눈에 보이는 뇌의 구조적인 변화도 가져온다. 특히 뇌의 세 곳이 변화를 보이는데 바로 편도체, 해마, 전두엽이다. 인간을 인간답게 만드는 세 곳이 망가져 버린다.

편도체가 망가지면 뇌는 쉽게 불안하고 화가 나는 형태로 변한다. 편도체가 감정 처리와 스트레스 반응을 담당하기 때문이다.

마치 화가 나면 괴물이 되는 '헐크'와 같아진다. 또한 편도체는 불안이나 분노 같은 감정들을 저장해 놓는다. 왜? 이런 감정을 느낄 때 빠르게 감지해서 뇌의 다른 부위에 비상상황임을 알리고 자신을 보호하기 위해서다. 문제는 편도체가 망가져 꺼지지 않고 계속 켜져있을 때 발생한다. 과활성화된 편도체는 망가진 사이렌과 같다. 그럼 뇌는 비상상황이라는 생각에 쉬지도 못하고 항상 불안하고 긴장한 상태로 있으려고 하고 결국은 지쳐 나가떨어지게 된다.

해마가 변하면 기억력을 상실한다. 편도체가 감정 기억의 저장소라면 해마는 사건 기억과 학습을 담당하는 곳이다. 스트레스 상황이나 우울이 지속될 때 기억력이 떨어지는 경험을 해본 적이 있을 것이다. 왜 그럴까? 우리 몸은 스트레스를 받으면 대응하는 호르몬인 코르티솔을 분비한다. 코르티솔은 스트레스에 맞서 몸이 많은 에너지를 만들어내는 과정을 촉진시킨다. 혈압과 혈당을 높여서 몸을 폭주기관차처럼 만드는 것이다. 문제는 이 상황이 만성적으로 계속 이어질 때 발생한다. 폭주기관차는 언젠가 탈진하기 마련이다. 특히 해마의 경우 코르티솔에 매우 민감해 변형이 오기 쉽다.

마지막으로 전두엽이 망가지면 모든 통제의 기능을 상실한다. 전두엽은 사람을 사람답게 만드는 뇌의 가장 발달된 부위다.

계획하고 주의를 집중하고 행동을 억제하고 평가하는 고차원적인 행동은 전두엽이 담당한다. 이 전두엽이 작동하려면 세로토닌이라는 물질이 필요하다. 그러나 스트레스를 받는 뇌에는 세로토닌이 잘 분비되지 않는다. 우울하고 불안할 때 유난히 야식을 참기 어렵거나, 하고 싶은 일에 집중하기 어려웠던 경험이 있을 것이다. 당연하다. 세로토닌이 부족하기 때문이다. 치료를 받지 않는 시간이 길어지면 세로토닌 고갈에 직면한다. 내가 나를 통제할 수 없어진다.

뇌는 오래 지속된 상태를 기본 상태라고 설정하는 버릇이 있다. 우울 상태가 오래 유지되면 뇌는 우울을 기본 상태로 설정해 버린다. 건강하고 평안하던 마음이 기본값이었을 때는 우울하거나 불안해졌을 때 이 상황을 불편하게 여긴다. 그러나 그 기간이 길어지면 내가 원래 어땠는지 혼란스러워진다. 그리고 가장 오랫동안 느낀 감정, 즉 우울과 불안을 기본값으로 맞추고 그 상태에 계속 머무르려고 한다. 뇌가 그 상황까지 가게 해서는 안 된다. 초기에 치료를 받아 나의 기본값을 건강한 상태로 맞추는 것이 굉장히 중요하다.

남들도

이 정도는 힘들어하면서

산다?

"인생은 원래 고통이니까 다 참아야 한대요." "아프다고 하면 주변 사람들도 다 힘든데 버티는 거래요. 저도 버티고 싶은데 왜 안 될까요? 저는 왜 이리도 나약한 걸까요?"

바야흐로 우울의 시대다. 한국 사회에서 많은 사람들은 우울의 공기를 마시며 산다. 누구나 조금씩 우울해 보이니 내가 우울해도 참는다. 힘들다고 하소연하는 건 유난스럽고 별난 것 같다. 당연하지 않은 상황을 일상적으로 살아낸다. 그렇게 버티고 버티다가 어느 날 숨이 턱 막히거나 갑자기 눈물이 나거나 참을 수 없을 정도로 몸이 아프면 그제야 병원을 찾는다.

앞에서도 말했지만 누구나 자신의 짐을 지고 살아간다. 그 짐의 무게는 직접 그 자리에서, 그 존재로서 겪어보지 않는 이상 알수 없다. 그러니 내 짐의 무게를 남과 비교하지 말자. "잎새에 이는 바람에도 나는 괴"롭다면 괴로운 것이다. 꼭 괴로운 이유가 수용소에 갇힌다거나 모든 것을 잃고 길바닥에 나앉는 정도가 아니어도 된다는 말이다. 애초에 비교할 수 없는 걸 비교하는 건 고통스러운 일이다. 남들이 다 참는다고 참지 말고 나에게 집중해 보자. 머리는 몰라도 감정은 안다. 어느 순간 나의 상황 자체보다 그걸 받아들이는 나의 마음이 힘들어지는 순간이 있다. 예전에는 참을 수 있었던 상황을 참기 힘들어지는 순간같이.

마음에도 물리학 법칙이 있다. 최대정지마찰력이라는 개념

33

이 있다. 외부에서 물건을 움직이려고 힘을 줄 때 마찰력 때문에 움직이지 않다가 최대정지마찰력을 넘어서면 물건이 움직이면서 줘야 하는 힘이 줄어든다. 상대적으로 낮은 운동 마찰력이 작용하기 때문이다. 마음도 마찬가지다. 우리의 마음에는 저항하는 힘이 있다. 외부 자극이 내 마음을 움직이려고 힘을 줘도 마찰력을 가지고 움직이지 않는다. 건강한 상태에 머무르고 있는 상태다. 그러나 최대로 버틸 수 있는 힘, 최대정지마찰력을 넘어가는 정도의 스트레스가 오면 마음이 무너진다. 마음이 속절없이 흐르기 시작한다. 그때부터는 운동 마찰력의 영역이다. 훨씬 작은 자극에도 계속 마음이 쏠려 다닌다. 이때부터는 더 이상 예전만큼 참아내기가 어렵다. 때문에 일상생활이 점점 어려워진다.

힘든 상황을 조금 덜 힘들게 버티는 법

남들도 다 이 정도는 힘들어한다며 애써 문제를 감춰왔는가? 증상이 경미해 치료를 받아야 할지 말아야 할지 긴가민가한가? 그럴수록 진료를 권하는 이유가 여기에 있다. 힘들어지기 시작한 마음은 삶의 질을 급격하게 떨어뜨린다. 에너지가 떨어져서 나를 돌보기 귀찮으니 먹는 것도 대충, 자는 것도 대충, 씻는 것도 귀찮아진다. 이렇게 에너지가 떨어졌는데 주변 관계에는 힘을 쏟을 수 있을까. 만나는 횟수도 줄고 만나더라도 예전만큼 즐겁지 않다. 특히 가족이나 연인에게 나도 모르게 짜증이나 화를 내어 원치 않게 상처 주는 일도 늘어난다. 직장에서도 마찬가지다. 집중력이 떨어지고 실수가 잦아진다. 한 번 두 번, 지적받는 일이 늘어나면 긴장하느라 하루가 끝날 때쯤엔 두들겨 맞은 것처럼 피곤하다. 그러다 증상이 악화되면 더 큰 문제다. 힘든 원인을 직장에서 찾으며 호기롭게 사표를 냈다가 집에 고립돼 은둔 생활을 이어가기도 한다. 삶 자체가 망가져 버린다. 마치 도미노 같다. 첫 번째 도미노가 쓰러졌을 때 기민하게 반응하고 치료를 받는 것이 훨씬 현명한 이유다.

정신과 증상은 증상 자체만으로도 고통스럽지만 일상을 망가뜨려 손해를 입힌다는 게 더 큰 문제다. 겉으로 표가 안 나니 불필요한 오해를 받는 경우도 허다하다. 혼자 있으려 하다 보니 관계가 망가져 고립되기도 하고, 직장에서 곤란해지거나 심한 경우 직업을 잃기도 한다. 이러한 상황은 증상을 악화시키는 연료가 돼 악순환을 만든다. 뇌는 자기 상태에 맞는 정보를 수집하는 특성이 있다. 우울해진 뇌는 자신이 우울해야 하는 이유를 수집하고, 불안한 뇌는 불안한 이유를 수집한다. 그러다 보니 마음은 점점 땅굴을 파는 데 몰두한다.

도움을 받을 길이 있는데 굳이 힘든 길을 갈 필요는 없다. 세상에 의미 없는 경험은 없다지만 굳이 가장 힘든 길로 가야 할 이유도 없다. 호미로도 막을 수 있는 일을 너무도 큰 희생을 감수하며 가래로 막을 필요는 없지 않은가. 무엇보다 정신질환과 증상으로 인해 되돌리기 힘든 손해를 보는 일은 없었으면 좋겠다. 아픈 것도 서러운데 손해까지 보면 얼마나 억울한가. 이때 정신과 진료는 힘든 상황을 조금 덜 힘들게 버티도록 도와준다. 약물치료를 통해 좀 더 잘 자고, 좀 덜 불안하고, 좀 덜 우울하면 덜 다치면서 이 시간을 지나갈 수 있다. 상담치료를 통해 혼란스러운 상황을 어떻게 이해해야 할지, 어떻게 대처해야 할지 함께 정리해 볼 수 있다.

증상을 줄여야 하는 이유는 단순히 편해지기 위해서만은 아니다. 증상이 없어지고 마음의 여유와 힘이 생겨야 직면한 문제를 해결할 수 있기 때문이다. 직장에서 위험한 수준의 괴롭힘을 겪고 있다면 거기에서 벗어날 힘이 있어야 한다. 가족에게 자신의 상처를 드러내고 전하고 싶다면 먼저 내 마음이 단단해야 한다. 언제 밥을 먹고 언제 잘 건지 계획을 짜고 지키는 것도 에너지가 필요하다. 증상이 나를 휩싸고 있을 때는 이런 일에 집중하기 어렵다.

예를 들어 반복해서 독감에 걸렸다고 생각해 보자. 열이 나고 기침을 하느라 정신을 차릴 수가 없다. 이럴 때는 일단 증상을 조절해 줘야 한다. 조절해 주지 않으면 점점 면역력이 떨어져 독감 이외의 다른 질병이 몸에 침투하기 쉬워진다. 그래서 해열제와 기침약을 먹고 편안하게 푹 쉬어서 감기를 말끔히 털어낼 수 있도록 돕는 것이다. 그런 뒤 기운을 차리면 반복되지 않도록 면역력을 높이는 생활습관을 실천하고 독감 예방접종을 맞을 수도 있다.

정신과도 마찬가지다. 처음에는 지금 나를 괴롭히고 있는 증상에 집중해서 상황을 견딜힘을 축적한다. 그러고 나서는 증상의 원인을 해결할 수 있도록 함께 고민하거나, 내적인 힘을 키우기 위한 상담을 진행한다. 앞서 말한 취약성의 세 가지 축으로 설명하자면, 생물학적 취약성이 주가 돼 나타나는 증상들을 조절한 뒤, 견딜만 해지면 마음의 보강공사에 들어가는 것이다. 이때는 심리/인지 요인에 해당됐던 문제들을 상담하고 환경적 요인에 어떻게 대응하는 것이 좋을지 의논한다. 애착관계, 무의식적인 방어기제, 왜곡된 생각들이 어떻게 작동하고 있는지를 조명하는 것이다. 힘든 여정이지만 이 과정을 잘 거치면 자신에 대해 알게 되고, 예방주사를 맞은 것처럼 단단해진다.

정신과 상담 기록이 남으면

취직도, 보험 가입도

어렵다?

정신과를 오는 것이 자신을 지키는 방법이라는 걸 알면서도 여전히 머뭇거리는 사람들이 있다. 개중에는 정신과에 오면 현실적인 손해를 입을 것이라고 믿는 사람들도 많다. 실제 금전적으로든 직업적으로든 불이익을 받을 것이라는 공포가 정신과의 문턱을 높이는 게 현실이다. 정신과 진료를 받으면 정말 불이익이 있을까?

진료 기록이 유출될 수 있다?

제일 많이 걱정하는 것이 기록의 유출 가능성이다. 결론부터 말하면 기록을 열람할 수 있는 권한은 오직 본인에게만 있다. 의료법 제21조에 따르면 "의료인이나 의료기관 종사자는 환자가 아닌 다른 사람에게 환자에 관한 기록을 열람하게 하거나 그 사본을 내줘 내용을 확인하게 해서는 안 된다." 병원 기록은 당연하고 공단의 기록도 본인이 직접 공단 지사를 방문해야만 확인할 수 있다. 인터넷 조회가 불가능하다는 뜻이다. 국가 행정에서 가장 많은 권한을 가지고 있는 대통령이 오더라도 의료 기록은 열람할 수 없다. 따라서 기록이 유출돼 불이익을 받을 가능성은 없다.

정신과에서 진료를 받으면 크게 두 가지 기록이 생긴다.

첫 번째는 의사와의 상담 내용인 '의무 기록'이다. 의무 기록에는 내담자가 이야기한 증상이나 상황, 생각 등이 기록된다. 치료 계획이나 정신 분석적 해석을 적는 경우도 있다. 의무 기록에는 정해진 서식이 없다. 그래서 의사에 따라 기록의 형태나 방식이 다르다. 내담자의 말을 꼼꼼하게 다 적는 의사도 있고, 아주 간단하게 남기는 의사도 있다. 의무 기록은 내담자의 상태를 증명할 수 있는 근거로 제출하기 위해 내담자 본인이 사본을 발급받기도 한다. 이 의무 기록은 10년 동안 병원에 남는다. 10년은 국가가 법으로 지정한 기간이다. 증상이나 질환이 재발했을 경우 과거의 치료 기록을 통해 연속적이고 안전한 치료를 받을 수 있게 하기 위한 조치다. 이 기록의 특징은 오직 진료를 받은 그 병원에만 남겨진다는 것이다. 물리적으로 병원에 가서 본인이 요구하지 않는 한 이 기록을 열람할 수 있는 방법은 없다.

두 번째 기록은 건강보험공단에 넘어가는 기록이다. 여기에는 진단 코드와 처방된 약물, 투약 일수가 들어간다. 우리나라는 진료비의 일부분을 건강보험공단에서 부담한다. 즉, 내담자가 전체 진료비의 일부분만 부담하고 나머지는 나라가 낸다. 그렇기 때문에 나머지 진료비를 주기 전에 병원이 진단에 맞는 약물을 잘 썼는지 확인하려고 기록을 요구하는 것이다. 그래서 공단에 넘어가는 기록은 개인이 누구인지 중요하지 않다. 신원정보는 암호화되고 상담 내용도 요구하지 않는다.

취직이 힘들다?

먹고사는 일은 참으로 고단하다. 특히 한국은 유난히 정답이 많은 사회다. 내가 직접 만드는 길보다 이미 번듯하게 닦여있는 길, 다수의 사람들이 선망하는 그 길 위에 올라타려고 애쓴다. 그러다 보니 취직에 대한 부담과 스트레스가 극도로 높다. 작은 위험이라도 취직에 불리하다면 감수하기 어려워진다. 그래서인지 혹여나 취직에 불리할까 봐 정신과 진료를 마다하는 사람들이 있다.

그래서 직접 법적 자문을 구해봤다. 답은 항상 한결같다. 당신이 동의하지 않는 한 회사는 당신의 진료 사실을 절대로 알 수 없다. 예외적으로 정신과 기록을 확인하는 일부 직업이 존재하긴 한다. 많은 사람의 생명을 위험에 빠뜨릴 수 있는 임무를 맡게 되는 국가정보원, 공군 파일럿 같은 경우다. 그러나 그 외에는 고용자가 지원자의 정신과 치료 여부를 물어보거나 자료를 열람할 수 없다. 정신과 기록은 범죄 기록이 아니기 때문이다. '금융권이나 고위 공무원은 암암리에 확인한다.'는 루머를 나 또한 많이 들었다. 그러나 확실히 말할 수 있다. 진료실에서 만난 수많은 사람들이 대기업, 공기업, 공무원, 교사직 등에 문제없이 취업했다.

　이렇게 얘기하면 치료 여부를 확인하기 위해서 열람 동의를 요구하지 않느냐며 의심을 거두지 못한다. 오히려 회사를 다녀 본 사람이라면 안다. 그런 일은 없다. 현재 공무원 채용 시 불합격 기준을 확인해 보면 더 확실하다. 공무원 채용을 위한 '신체검사 불합격 판정 기준'에서 정신질환자로 판단하는 경우는 다음 4가지다. 1) 업무 수행에 큰 지장이 있는 정신지체, 2) 업무 수행에 큰 지장이 있는 성격 및 행동장애, 3) 업무 수행에 큰 지장이 있는 정신병, 4) 마약중독과 그 밖의 약물의 만성 중독자. 한마디로 '업무 수행이 어려울 정도로 증상이 심한' 사람이다. 평소에 진료를 받았던 기록은 이 4가지 기준과는 상관없다. 정신건강복지법에서도 정신질환자의 범위는 "정신질환으로 인하여 독립적으로 일상생활을 영위하는 데 중대한 제약이 있는 사람"이다. 즉, 외래 진료를 보면서 충분히 독립적으로 일상생활을 할 수 있고, 맡은 업무를 수행하는 데 문제가 없는 기능을 가지고 있다면 걱정할 것 없다. 오히려 치료를 받고 업무를 수행할 수 있을 정도로 증상이 조절돼야 취업에 가까워진다.

　대한정신건강의학의사회에서는 "고용주가 정당한 사유 없이 부당한 요구(정신과 진료 기록 요구)를 하고 취업에 지장을 준다면 국가권익위원회 등에 민원을 넣는 것도 좋은 대안"이라고 말한다. 그만큼 있을 수 없는 일이라는 것이다. 취업에 불리할까 봐 걱정하기 이전에 이런 질문을 해보자. 정말로 부당하게 개인 정보를 요구하고, 또는 요구할까 봐 불안한 곳이라면 그 회사가 다닐 가치가 있는 곳일까? 오히려 취업을 하고 난 후에 증상이 더 악화된다면, 부당한 상황을 참아야만 하는 환경이라면, 과연 그것이 당신에게 좋은 선택일까? 나는 아니라고 생각한다. 일을 하는 이유와 정신과를 다니는 이유는 같다. 잘 살기 위해서다. 잘 살기 위해서 자신을 지옥에 밀어 넣는 일은 하지 않았으면 좋겠다.

보험 가입이 어렵다?

많은 사람들이 정신과 진료를 받으면 보험 가입이 어려워질까 봐 걱정한다. 하지만 정신과 진료 이력이 있다고 해서 무조건 보험 가입이 거절되진 않는다. 특히 실비보험에 가입돼 있다면, 정신과 진료를 받더라도 보장된 혜택을 받는 데 아무런 문제가 없다. 2016년 1월 1일 이후에 가입한 실비보험은 대부분의 정신 질환에 대해 보장하고 있다. 다만, 보험회사에 따라 갱신할 때 혜택을 조정할 수 있으니 확인은 필요하다.

새로운 보험에 가입할 때는 상황이 조금 다르다. 보험사는 기본적으로 이익집단이다. 보험금을 많이 받고 제공하는 혜택은 적어야 이윤이 남는다. 따라서 이미 진단을 받아 치료비가 많이 나갈 것이 명백한 사람에게 해당 질환에 대한 보험을 들어주지 않으려고 한다. 이것이 보험사가 가입 전에 '건강 위험 평가'라는 건강 정보를 요구하는 이유다. 하지만 이런 페널티가 있는 건 고혈압이나 당뇨 같은 다른 질병도 마찬가지다. 정신질환이라고 더 문제가 되는 것은 아니다. 일반적으로 신규 가입 시 보험사에서는 다음과 같은 정보를 요구한다.

- [ ] 최근 3개월 내 진료 내역
- [ ] 1년 이내의 진료로 생긴 추가 검사 여부
- [ ] 5년 이내의 입원, 수술 또는 같은 질병으로 7회 이상 통원했는지 여부
- [ ] 30일 이상 지속된 약물 처방

보험 신규 가입 시에는 위의 정보를 정직하게 알리는 것이 중요하다. 숨기면 나중에 불이익을 받을 수 있기 때문이다. 반대로 생각하면, 치료 종료 후 5년이 지나면 가입에 큰 문제가 없다는 뜻이기도 하다. 다시 말해 보험 가입의 가장 큰 장애물은 정신과 진료 기록이나 약물 처방 과거력이 아니다. 오히려 정신과 문제를 방치해서 생기는 추가적인 상황들이 정말 큰 문제를 일으킨다. 실직으로 인한 경제적 어려움이나 개인위생/건강을 챙기지

못해 다른 신체질환까지 발생하면 보험 가입은 훨씬 어려워진다.

2019년 국가인권위원회는 정신과 진료 이력을 이유로 보험 가입을 제한하는 것이 관련법을 위반한 차별에 해당한다고 판단했다. 따라서 정신과 진료 이력이나 약물 복용을 이유로 보험 가입이 거절된다면 이는 명백한 보험사의 잘못이다. 만약 이런 상황에 처했다면 다음과 같이 대응해 보자.

1. 가입 불가 사유를 문서로 요청한다. "왜 보험 가입이 불가능한지 문서로 작성해 주세요." 이때 직원의 이름과 직통번호도 꼭 확인하자. 그래야 한 사람에게 일괄적으로 업무 처리를 진행할 수 있다. 담당자가 계속 바뀌면 한 얘기를 또 하고 또 해야 해서 화가나거나 일이 처리되기도 전에 지칠 수 있다. 단, 담당자에게 반드시 예의를 갖추자.

2. 보험사의 공식 심사를 요구한다. 직원 개인의 판단이 아닌, 회사의 공식적인 심사를 받고 싶다고 요청하자.

3. 필요하다면 금융감독원, 국가인권위원회, 한국소비자원 등에 민원을 제기한다.

4. 여러 보험사에 문의해 보자. 회사마다 기준이 다를 수 있다. 더러 인터넷으로 직접 가입하는 다이렉트 보험이 더 용이할 수도 있다.

보험사가 개인의 동의 없이 몰래 의료 기록을 확인해 보험 가입에 불이익을 줄 거라는 걱정을 하는 사람도 있다. 다시 말하지만, 본인의 동의 없이는 그 누구도 의료 기록을 열람할 수 없다. 법원의 영장이나 특수한 법적 상황이 아니라면, 가족이나 국가 기관조차도 개인의 진료 기록은 볼 수 없다.

정신과 약물은

한번 시작하면

끊기 힘들다?

정신과 진료를 망설이는 가장 불안한 요인 중 하나가 바로 약일 것이다. 다른 과에 가서는 약을 더 달라고 하는 사람들도 정신과 약은 꺼린다. 그 배경에는 정신과 약은 한번 복용하면 쉽게 끊을 수 없다는 믿음이 있다. 비슷한 믿음으로 '정신과 약은 마약성이라 중독되고 의존성이 높다.'가 있다.

먼저 정신과 약은 마약이 아니다. '향정신성의약품'이라고 부르는 정신과 약물이 법적으로 '마약류'로 분류돼 마약과 함께 관리된 탓에 생긴 오해다. '향정신성'은 정신을 '향'해 작동한다는 뜻이다. 당연히 정신에 작용하기 때문에 오남용이 돼서는 안 된다. 그래서 국가에서 마약과 함께 엄격하게 관리한다. 이 마약류에 해당하는 약물은 위험의 정도에 따라 '가~마' 항목으로 분류되고 '가'에 가까울수록 위험하다. 정신과 약물은 대체로 '라'에 포함돼 있다. 따라서 전문의와 충분히 상담한 뒤 받은 처방이라면 문제가 되지 않는다.

또한 모든 정신과 약물이 향정신성의약품인 것도 아니다. 향정신성의약품에 속해 있는 정신과 약물은 표에 있는 것이 거의 전부다. 마약 중독을 치료할 때도 정신과 약을 사용한다. 정신과 약을 끊을 수가 없다면 마약 치료에 어떻게 사용하겠는가. 물론 의존성이 있는 약물이 있기는 하다. 특히 수면제나 항불안제의 경우 잘 끊지 못하는 경우가 있다. 이는 신체적인 의존이라기보

가목	나목	다목	라목
LSD 메스케치논 등	암페타민 메트암페타민 케타민 메틸페니데이트 등	바르비탈산류 등	벤조디아제핀류 졸피뎀 펜타민 등

↑	↑	↑ ↑	
가장 엄격하게 관리, 의약품으로 사용되지 않음	제한적 의약품 사용	일부 의료용으로 사용, 대부분의 정신과 치료제가 여기 포함됨	

＊ 정신과에서 주로 사용하는 것만 진한 색으로 표기함.

다 심리적인 의존에 가깝다. 약을 끊었을 때 잠을 못 잘까 봐, 다시 불안해질까 봐 약을 끊기 어려워하는 것이다. 그러나 정신과 약은 단번에 끊지 않고 단계적으로 줄여나간다. 의사와 사용법을 조절하면 끊지 못하는 약은 없다.

주치의와 상의 없이 약물 복용을 중단한 뒤 금단증상을 경험하는 사람들이 있다. 나는 이 현상을 '물이 가득 담긴 그릇'으로 설명한다. 여러 증상을 겪고 있는 우리의 뇌는 회오리치는 물이 담긴 그릇과 비슷하다. 다만 그릇의 바닥이 평평하지 않고 둥글어서 물이 움직이면 그릇도 덩달아 흔들흔들 움직인다. 약은 이 그릇에 받침대 역할을 한다. 받침대로 그릇 여기저기를 받쳐 놓으면 고정되면서 회오리도 점점 잠잠해진다. 물이 잠잠해졌을 때 받침대를 천천히 조심스럽게 빼면 그릇은 멈춘 상태로 유지된다. 이게 치료의 과정이다. 이때 약을 갑자기 중단하면 회오리가 아직 치고 있는 그릇의 받침대를 갑자기 치워버리는 것과 같다. 그러다 보니 안정이 되지 못하고 여러 가지 증상들이 갑자기 느껴질 수 있다. 약을 먹기 전에 있었던 증상들이 불쑥 나타나기도 하고, 뇌의 안정성이 갑자기 흔들려서 초조하거나 메스껍거나 어지러운 증상이 나타날 수도 있다. 그러므로 약을 끊고 싶을 때는 서서히 계획적으로 용량을 줄이는 것이 바람직하다. 그래야 금단증상을 예방하고 안전하게 투약을 중단할 수 있다.

마지막으로 한 가지 묻고 싶은 게 있다. 왜 정신과 약만 그렇게 부득불 끊고 싶어 하는가. 혈압약이나 당뇨약을 먹으면서 약을 끊는 것을 목표로 잡는 사람은 거의 없다. 혈압을 잘 유지하고, 혈당 수치를 잘 유지하는 것이 목표다. 그러다 약을 조절하는 경우는 있지만 처음부터 약을 얼마 동안 먹어야 하는지 의문을 제기하지 않는다. 정신과 약도 마찬가지다. 신경전달물질 불균형이나 부족한 물질 때문에 증상이 생겨 약이 필요한 상황이라면, 약을 먹어야 한다. 이때 불안, 우울에 휩싸이지 않고 자신에게 피해가 될 행동을 하지 않으며 건강하게 지내는 것을 목표로 해야 한다. 목표를 잊지 말자. 정신과는 당신에게 약을 먹이기 위해 존재하는 곳이 아니다. 우리의 목표는 당신이 건강하게 잘 지내는 것이다. 다만, 필요할 경우 약을 사용할 뿐이다.

주변의 만류로 치료를 머뭇거리고 있다면

정신과 병원을 가는 것과 더불어 약을 먹는 게 불안한 주된 이유는 비슷하다. 바로 주위에서 반대하고 만류한다는 것이다. 먼저 약의 안전성이 얼마나 체계적으로 입증되는지 알아보자. 현재 사용하는 모든 약들은 '임상 3상'이라는 과정을 거친다.

1상에서는 건강한 사람들을 대상으로 먼저 안전성을 평가한다. 안전하다고 확인되면 2상에서 소규모 환자들(100~200명)을 대상으로 안정성과 약효를 확인한다. 그런 뒤 마지막 3상에서 대규모 환자들(수백~수천 명)을 대상으로 장기 복용에 대한 안정성을 확인한다. 각 단계에서 문제가 될만한 부작용이 생긴다면 약은 폐기된다. 신물질이 개발되고 나서 바로 사용하지 못하는 이유가 여기에 있다. 새로운 약의 안전성을 확인하기 위해선 최소 10년 이상의 시간이 소요된다.

이런 증거와 설명에도 내담자들은 여전히 불안하다. 전문지식이 있는 사람들의 설명을 수차례 듣고 간신히 병원에 가야겠다고 마음을 먹었다가도, 단 한 번 주변 사람으로부터 정신과 괴담을 듣고는 포기한다. 그런데 이 또한 자연스러운 현상이다. 사람들이 전문가보다 주변인의 말을 더 신뢰하는 데는 심리학적인 이유가 있다.

첫째는 우리가 사회적 동물이기 때문이다. 사람은 자신과 비슷한 배경을 가지고 오랫동안 함께했던 사람의 말을 더 믿을만하다고 판단한다. 또한 무의식적으로 자신이 속해 있는 집단의 기대를 만족시키기 위해 주변인의 말을 거부하는 것을 어려워한다. 특히 자신이 잘 모르는 것에 대해서는 자신이 속한 집단의 고정관념으로 판단하려는 경향이 있다.(대표성 편향이라고도 한다.)

둘째로 사람은 쉬운 정보를 믿으려는 경향이 있다. 어렵고 복잡한 전문가의 설명보다 위험하다는 간단한 정보에 더 마음이 끌리는 것이다. 이를 가용성 편향이라고 하는데, 자신이 모르는 것에 대해 저평가하는 경향을 뜻한다. 그래서 전문가의 말이더라도 잘 모르겠으면 쉽게 무시하게 된다.

마지막으로 사람은 긍정적인 내용보다 부정적인 내용에 훨씬 민감하다. 열 번 좋다고 말해도 한 번 위험하다는 얘기를 들으면 불안해지기 때문에 의심을 거두지 못한다. 그러다 보면 전문가의 말보다는 믿고 싶은 것을 믿게 된다. 변화를 싫어하고 현상을 유지하고 싶어 하는 마음도 이와 같은 맥락이다. 변화는 사람을 쉽게 불안하게 만든다. 예측할 수 없기 때문이다. 특히나 약이라는 이물질을 몸에 받아들이는 것, 게다가 그것이 나의 뇌에 영향을 준다는 생각은 무섭기 그지없다.

그러나 통증이 있으면 진통제를 찾고, 염증이 있으면 항생제를 쓰듯이, 마음의 고통도 적절한 치료가 필요하다. 근거 없는 소문은 불안만 키울 뿐이지만, 전문의가 처방하는 약물치료는 과학적으로 검증된 회복의 도구다. 마치 골절된 뼈를 고정하는 부목이나 깁스처럼, 정신과 약물은 흔들리는 마음을 잡아주는 의학적 지지대다. 뼈가 부러져서 철심을 박아야 하는데 거부하는 환자는 없다. 정신과 약도 마찬가지다.

모든 것을 기분으로 결정해서는 안 된다. 주변인들의 걱정이 애정에 기반을 둔 것일지라도 당신에게 도움이 되지 않는다면 단호해야 한다. 당신의 건강과 인생은 온전히 당신의 것이다. 근거 없는 정보로 무장한 주변의 만류 때문에 치료받을 기회를 저버리는 일이 없기를 간절히 바란다.

B

정신과,
이런 마음의 일들을
다룹니다

우울

30대 회사원 M은 어린 시절 알코올 중독인 아버지와 우울증을 앓던 어머니가 자주 다투는 모습을 보면서 늘 불안했다. 부모님의 잦은 다툼과 감정 기복은 M의 어린 마음에 깊은 상처로 남았다. 그래서인지 M은 성적도 좋고 친구도 많았지만 항상 긴장을 풀지 못했다. 결국 무언가 잘못될 것 같다는 생각이 마음 한편에 있었다.

취직 후 밤낮없이 일하던 M은 얼마 전부터 피곤하고 짜증이 자주 났다. 언제나 깔끔한 M이었지만 방 청소는 물론이고 목욕도 귀찮게 느껴졌다. 휴가를 내고 며칠 쉬어봐도 처진 기분은 돌아오지 않았다. 몸이 피곤한데도 잠이 오지 않아 피로까지 겹치자 M은 사는 게 버겁게 느껴졌다. 평소 자신의 가치를 업무능력으로 확인하던 M은 일도 마음대로 되지 않자 자괴감에 초조해졌다. 즐겁게 하던 일에도 더 이상 흥미가 생기지 않았다. M은 평생 이렇게 살아야 할 것 같다는 두려움에 사로잡혀 '차라리 세상에서 없어지고 싶다.'고 생각하기 시작했다. M은 종일 무기력하고 짜증이 났지만 '우울'하다고 느끼지는 않아, 친구가 우울증 아니냐고 물었을 때도 웃어넘겼다. 그러다 어느 날 멍하니 창문을 바라보다 창밖으로 떨어지는 상상을 한 M은 깜짝 놀라 병원을 찾았다.

M의 우울증은 여러 요인이 복합적으로 작용한 결과였다. 생물학적으로 M은 우울증에 취약한 유전적 소인을 가지고 있었다. 어머니뿐 아니라 알코올 문제가 있던 아버지도 유전적으로 불안과 우울이 높았을 가능성이 높다. 불안정한 가정환경은 M의 뇌 발달에 영향을 미쳐 안정감을 느끼지 못하고 작은 변화에도 과도하게 반응하는 경향을 키웠다. 스트레스에 대한 취약성이 높은 M은 불안한 환경을 이해하기 위해 '무언가 잘못될 것 같다.'는 부정적인 사고 패턴을 발전시켰고, 자신의 가치를 업무 성과에 과도하게 연결하는 왜곡된 자기개념을 형성했다. 과도한 업무 스트레스는 M의 불안을 건드렸고, 업무 성과 저하는 자신이 가치 없다는 생각으로 연결돼 자살사고까지 하게 만들었다. M은 진료를 통해 자신이 우울증이라는 것을 깨닫고 치료를 시작했다.

나도 우울증일까?

성인 7명 중 한 명, 특히 여성은 4명 중 1명이 진단받는 질환. 우울이라는 단어는 우리 사회에 너무 흔한 단어가 돼버렸다. 그럼에도 불구하고 많은 사람들이 우울증을 어렵고 공포스러운 질환으로 여기는 듯하다.

우울증이 어려운 이유 중 하나는 우울증의 증상이 너무 다양하다는 데 있다. 우울증은 고정된 하나의 모습으로 나타나지 않는다. 너와 나의 우울의 모습이 너무 다르다. 그러다 보니 내가 우울증이 맞는지 확신하기가 어렵다. 그래서 우울증을 확인할 때는 여러 가지 증상들 중 몇 가지가 나타나는지, 기간은 얼마나 지속되는지, 생활에 얼마나 큰 영향을 미치는지를 확인한다. 우울증에 동반될 수 있는 증상도 다양하다. 안절부절못하고 신경이 날카로워지는 불안증이나, 더 심한 경우 망상이나 환각 같은 정신병적 증상이 동반되기도 한다. 우울증은 모든 상황에서 즐거움을 느끼지 못할 것이라(이런 상태를 가장 심한 상태인 멜랑콜리아라고 부른다.) 생각하지만 그렇지 않다. 우울할 때 외에는 즐거움을 느끼는 순간도 있고, 오히려 흥분하고 기분이 들뜨는 모습을 보이기도 한다. 예시의 M처럼 우울이 주된 증상으로 나타나지 않고 피로, 불면, 통증 같은 신체적 증상이나 무기력, 짜증 같은 감정이 주되게 나타날 수도 있다.

특정 시기와 연관돼 우울증상이 나타나는 경우도 있다. 계절성 우울증, PMS라고 부르는 월경 전 불쾌장애, 그리고 주산기 우울증이다. 특정 계절만 되면 신체적인 피로감, 불쾌감을 느끼며 기억력이나 집중력이 떨어지고, 부정적인 생각에 기분이 나빠지고 잠을 못 이루는 경우가 있다. 계절성 우울의 증상이다. 일반적으로 일조량이 줄어드는 겨울에 많지만 모든 계절에서 증상이 나타날 수 있다.

월경 전 불쾌장애는 호르몬의 변화로 인한 증상으로 월경 약 1주일 전부터 예민해지거나, 억울하고, 속상한 감정을 느끼는 경우가 많다. 다툼이 잦아지면서 피곤하고 집중력이 떨어진다. 일반적으로 월경이 시작되면 며칠 내 회복되는 특징을 보인다. 월경 전이 아니라 배란 전에 증상이 나타나는 경우도 있다.

임신 기간부터 출산 후 12개월 이내에 발생하는 우울증을 주산기 우울증이라 한다. 급격한 호르몬 변화, 엄마가 된다는 중압감, 출산과 양육으로 인한 커리어 문제나 가족 구성원과의 갈등으로 인해 발생한다. 이 시기의 우울은 산모들의 70%가 경험할 만큼 자연스러운 감정이다. 그러나 강도가 심하고 이로 인해 일상이 어렵고 특히 육아에 문제가 생길 경우 반드시 적극적인 치료가 필요하다. 이외에도 갱년기 우울증, 노년 우울증, 소아 우울증 등 우울증은 생애 시기에 걸쳐 광범위하다.

여기에 우울이 인간의 기본적인 감정이라는 점 역시 또 다른 이유 중 하나다. 우리는 항상 어느 정도는 우울하다. 스트레스를 받으면 누구나 힘들고 괴롭다. 때문에 많은 사람들이 자신이 경험하는 우울감이 치료가 필요한 수준인지 판단하기 어려워한다. 슬픔이나 우울함이 인간의 자연스러운 감정이기에, '이 정도로 병원을 찾는 게 과한 것은 아닐까?' 하는 고민에 빠진다.

내가 치료가 필요한 우울증을 겪고 있는지 알 수 있는 가장 좋은 방법은 우울한 기분이 변함없이 유지되는지를 확인하는 것이다. 소나기가 왔다가 그치는 것처럼 기분이 나빴다가 다시 좋아지는 게 아니라, 장마처럼 하루 종일 우중충하게 비가 내리는 날이 연속되는지를 확인하는 것이다. 2주 이상 우울감이 지속된다면 병원에 가보는 것이 좋다. 그 우울감 때문에 일상에서 조금이라도 불편을 겪고 있다면 더더욱 빨리 병원을 찾아보자. 물론 경증의 우울증은 치료 없이도 좋아지는 경우가 있다. 그러나 치료를 받지 않고 놔두는 증상들이 악화되면 호미로 막을 질환을 가래로 막게 되기 십상이다.

☐ 하루 중 대부분 우울함을 느끼거나 자신에게 아무런 희망이 없다고 느낀다. 눈물을 흘리기도 한다.

☐ 평소 좋아하던 취미 활동이나 관심사에 흥미가 떨어지고 모든 영역에 무관심해진다. 모임 활동이 줄고 멍하니 시간을 보내기도 한다.

☐ 반드시 '우울'을 느껴야 우울증인 건 아니다. 특히 자신의 감정에 둔감하거나 억누르는 사람은 면담 중 자신이 우울했다는 것을 깨닫는 경우가 많다. 이럴 경우 우울감 대신 분노, 짜증, 초조함이 주로 나타난다.

☐ 불면증 또는 과다 수면이 생긴다. 잠에 들지 못하거나 잠에 들더라도 자주 깨고, 깼다가 다시 잠들지 못하기도 한다. 수면의 질 자체가 나빠진다. 반대로 수면 시간이 늘어나기도 하는데 일반적으로 예전보다 더 많이 자는데도 계속 피곤한 경우가 많다.

☐ 입맛이 없어지고 항상 속이 울렁거리며 이로 인해 체중이 줄어든다. 반대로 배가 고프지 않은데도 폭식을 하면서 체중이 늘어나는 경우도 있다.

☐ 거의 매일 피로하고 지쳐있다. 일의 능률이 떨어지면서 집안일, 위생관리 같은 일상생활이나 직장생활에서 어려움을 겪는다.

☐ 우울증의 특징 중 하나는 뇌가 느려지는 것이다. 쉽게 산만해지거나 일에 집중을 하지 못해 업무 성과가 떨어지기도 한다. 원하는 대

로 생각을 이어나갈 수 없어 답답함을 느끼기도 하고, 우유부단해져 선택장애에 빠지기도 한다.

☐ 논리적이지 않은 죄책감과 그로 인한 자기비하가 생긴다. 이유 없이 나를 싫어하는 사람을 만나도 상대를 만족시키지 못한 자신을 탓하며 스스로 무능하다고 여긴다.

☐ 우울을 느끼는 뇌는 방어적이고 예민해진다. 따라서 작은 통증도 크게 느낄 수 있다. 뚜렷한 진단명이 없는 두통, 구역감, 소화불량, 어지러움 등이 나타나는 경우가 많다.

☐ 자살이나 죽음에 대한 생각이 계속된다. 우울을 겪을 때 나타나는 가장 심한 사고 왜곡은, 삶의 모든 자극을 '그러니 죽어야겠다.'로 연결시키는 것이다. 내 삶과 직접적인 연관이 있는 자극(예 - 잠이 안 오니 죽어야겠다.)뿐만 아니라 나와 전혀 상관없는 자극에도 죽음을 연상한다.(예 - 지구에 사람이 너무 많으니 죽어야겠다.) 적극적인 자살 사고 외에도 '내가 사라졌으면 좋겠다.' '갑자기 사고가 났으면 좋겠다.'는 소극적인 소망도 자주 나타난다.

위의 증상들이 2주 이상 지속되거나, 일상생활에 지장을 준다면 전문가와 상담을 고려해 보는 것이 좋다. (많은 정신과 증상들이 2주를 기준으로 하는데 이는 우울증과의 감별을 위해서인 경우가 많다.)

우리는 왜 우울에 빠질까?

생물/유전학 요인

세로토닌, 노르에피네프린, 도파민과 같은 신경전달물질의 균형이 깨지면 우울증이 발생할 수 있다. 이러한 불균형은 유전적 요인, 호르몬 변화, 만성 스트레스 등 다양한 원인으로 인해 발생한다. 유전적 요인도 있다. 가족력이 있는 경우 우울증 발병 위험이 2~3배 높아진다. 하지만 우울증이 반드시 유전된다는 의미는 아니다. 다만 취약성을 가진다는 뜻이다. 뇌 구조와 기능의 변화도 우울증과 관련 있다. 뇌 영상 연구에 따르면, 우울증 내담자의 해마(기억과 감정 조절에 중요한 역할을 하는 뇌 부위)가 정상인에 비해 작거나 전두엽(의사결정, 감정 조절 등을 담당)의 활동이 저하돼 있는 경우가 많았다.

환경/사회적 요인

아동기의 부정적 경험은 우울증의 중요한 위험 요인이다. 학대, 방임, 가정폭력 등의 경험은 뇌 발달에 영향을 미치고 스트레스에 대한 취약성을 높여 성인기 우울증 발병 위험을 크게 높인다. 또한 인생의 중요한 사건들도 우울증을 촉발할 수 있다. 사랑하는 사람의 죽음, 이혼, 실직, 심각한 질병 진단 등과 같은 상실 경험은 우울증의 주요 유발 요인이 된다. 특히 이러한 사건들이 단기간에 여러 번 겹치면 우울증 위험은 더욱 높아진다.

현대 사회의 복잡성과 높은 스트레스 수준은 우울증 발병 증가의 주요 원인 중 하나다. 직장에서의 과도한 업무 압박, 경제적 어려움, 대인관계 갈등 등 일상적인 스트레스 요인들이 지속될 경우 우울증 발병 위험이 높아진다. 사회적 고립도 우울증의 중요한 요인이다. 현대 사회에서 점점 심화되는 개인주의와 핵가족화는 개인의 사회적 지지 기반을 약화시키고, 우울증 발병 위험을 높인다. 특히 노인층에서 이러한 경향이 두드러지게 나타난다.

심리/인지적 요인

미국 임상심리학자인 아론 벡의 인지 이론에 따르면, 우울증은 세상을 부정적으로 바라보는 왜곡된 인지 틀에서 비롯된다. 이 인지 틀은 '나는 무능하고 사랑받을 자격이 없다.'는 자기 자신에 대한 왜곡, '사람들은 나를 싫어하고 누구도 나를 도와주지 않을 것'이라는 환경에 대한 왜곡, '나에겐 반드시 나쁜 일이 생길 것이며 절대로 좋아질 수 없을 것'이라는 미래에 대한 왜곡이다. 모든 상황을 위의 세 가지 틀로 해석하고 부정적인 의미를 부여하기 때문에 우울해진다는 것이다.

억누르는 방식의 미숙한 감정 처리 또한 우울증의 위험 요인이다. 많은 경우 분노, 억울함, 슬픔 같은 부정적인 감정을 인식하면 억누르고 참는다. 갈등 상황이 불편해 회피하는 것이다. 문제는 이렇게 억누른 감정은 사라지지 않는다는 데 있다. 감정은 사라지지 않고 변형된다. 억누른 감정들은 갈 곳을 잃고 자신을 공격한다. 자신을 상처 입힌 대상을 향하지 못한 화는 결국 자신으로 향한다. 결국 나의 소심함, 못남, 무능력함을 탓하며 우울해진다.

부정적인 사고 패턴과 미숙한 감정 처리 능력 외에도 낮은 자존감, 완벽주의적 성향, 과도한 자기비판, 회피적, 강박적 성향 등이 우울증의 심리적 위험 요인이다.

우울에서 벗어나기

우울증 치료의 핵심은 약물치료와 심리치료를 병행하는 것이다. 항우울제는 뇌의 화학적 불균형을 조절하여 우울증상을 줄인다. 약물로 우울의 증상을 조절해 나의 삶을 돌아볼 기운을 차렸다면 상담을 하면서 우울을 악화시키는 생각 패턴이나 대인관계 패턴을 파악한다. 이를 통해 부정적인 사고 패턴을 수정하고, 대인관계 기술을 배우고, 스트레스 대처 능력을 키운다. 생활 습관의 개선도 우울증 회복에 큰 도움이 된다. 충분한 수면과 균형 잡힌 식사는 뇌의 안정화에 매우 중요하다.

치료 중 재발 방지를 위한 방법을 익히는 것도 중요한 과제다. 증상이 호전된 후에도 일정 기간 치료를 유지하고, 스트레스 관리 기술을 꾸준히 연습하며, 자신의 감정 상태를 주기적으로 점검하는 습관을 들여야 한다. 이를 위해 '기분 그래프' 그리기를 추천한다. 특히 감정을 억제하는 데 익숙해 자신이 느끼는 감정을 잘 알아차리지 못하는 사람들에게는 더욱 필요하다. 연구에 따르면 감정을 정확히 알아차리고 표현하는 능력이 높을수록 스트레스 대처 능력이 향상되고 우울감이 감소한다고 한다. 감정을 스스로 알아주고 표현하는 것만으로도 부정적인 감정이 해소된다는 뜻이다. 또한 기분 그래프를 그리다 보면 감정의 패턴을 발견할 수 있다. 자신이 어떤 상황에서 어떤 감정을 느끼고 반응하는지 그 패턴을 알면 자기를 더 잘 이해할 수 있고 대비할 수 있다. 실제 많은 연구에서 내가 어떠한 감정 패턴을 갖고 있는지 알면 정서조절 능력도 올라간다는 것을 증명했다.

기분 그래프는 그날 하루의 감정에 점수를 매겨 감정의 상태를 모니터링하는 방법이다. 이때 아침, 점심, 저녁으로 나누어서 하루의 기분 변화를 다루어도 좋고, 하루 전체의 점수를 매겨도 좋다. 중요한 건 점수를 매기는 기준을 명확하게 세우는 것이다. 그래야 점수를 매기기 쉽고 점수에 신뢰감을 가질 수 있다.(아래에 '기분 그래프' 그리기 예시를 첨부한다.) 하루의 기분을 결정하는 데 영향을 준 일이 있다면 그 사건과 그때 느낀 구체적인 감정을 함께 적어보자. 감정에 정확한 이름을 붙이는 과정은 무척 중요하다. 감정에 어떤 이름을 붙여줘야 할지 모르겠다면 첨부한 감정 언어를 확인하며 자신의 감정과 가까운 단어를 찾아보자.

기분 그래프 그리기

조증	현실 검증력 상실, 지나친 소비, 종교적 망상 및 환각(나는 신이다, 나는 모든 것을 알고 있다)	10
		9
	현실 검증력 및 판단력 저하, 일관성 상실, 수면 욕구 저하(잠을 자지 않아도 피곤하지 않음), 무모하고 위험한 행동의 증가, 과민하고 들뜬 기분.	8
		7

경조증	부풀려진 자존감, 말과 생각이 빠르고 많음, 여러 가지 일을 동시에 하면서 생산성은 오히려 떨어지고 부산스러움.	6	
		5	
	하루 종일 들뜬 기분이 유지됨. 활동량 다소 증가(통화량, 글쓰기, 흡연, 음주, 약속), 말이 많아지고 기분이 좋음.	4	
		3	
적절한 기분	적절한 자존감, 긍정적 사고, 적절하고 논리적인 의사결정, 원만한 대인관계, 일상생활이나 직장생활 원만하게 유지. 기분이 들뜨더라도 하루 종일 지속되지는 않음.	2	
		1	
	기분이 들뜨지도 우울하지도 않은 감정의 균형 상태.	0	
	혼자 있고 싶은 느낌이 들기도 하며, 평소보다 약간 집중력이 떨어짐. 약간의 우울 및 불안한 느낌. 우울한 기분이 하루 종일 지속되지는 않음.	-1	
		-2	
경도~ 중등도 우울증	하루 종일 우울한 기분이 유지됨. 불안하고 공황을 겪기도 함. 집중이 어렵고 기억력이 좋지 않은 느낌. 일상생활은 어느 정도 유지되며 종종 편안함도 느낌.	-3	
		-4	
	생각이 느려짐. 식욕 없음. 사회적으로 심한 고립(회피, 만남 거절), 불면 혹은 과다 수면, 일상생활의 모든 것이 힘들어짐.	-5	
		-6	
고도 우울증	현실 검증력 및 판단력 저하. 절망감과 부적절하게 심한 죄책감, 자살에 대한 생각, 아무것도 할 수 없는 무기력.	-7	
		-8	
	현실 검증력 상실. 반복적인 자살사고 및 자살 시도, 극도의 허무감 및 무력감, 허무망상(미래가 없고, 거의 모든 것이 의미 없다고 느낌)	-9	
		-10	

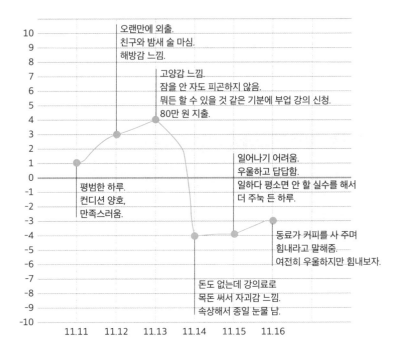

오랜만에 외출.
친구와 밤새 술 마심.
해방감 느낌.

고양감 느낌.
잠을 안 자도 피곤하지 않음.
뭐든 할 수 있을 것 같은 기분에 부업 강의 신청.
80만 원 지출.

일어나기 어려움.
우울하고 답답함.

평범한 하루.
컨디션 양호.
만족스러움.

일하다 평소면 안 할 실수를 해서
더 주눅 든 하루.

동료가 커피를 사 주며
힘내라고 말해줌.
여전히 우울하지만 힘내보자.

돈도 없는데 강의료로
목돈 써서 자괴감 느낌.
속상해서 종일 눈물 남.

* 기분 그래프는 하루하루의 감정이 어땠는지 체크하는 역할 외에도 나의 기분의 변화
가 어떤지를 알 수 있어 유용하다. 1~2주 동안 꾸준히 기분이 들떠있거나 가라앉아 있
을 수도 있지만, 2~3일은 들떴다가 2~3일은 가라앉는 것처럼 들쑥날쑥할 수도 있다.
기분 그래프를 그리면서 3점 이상이 일주일 이상 유지되거나, -3점 이상이 2주 이상
유지될 때, 또는 3점 이상과 -3점이 짧은 주기로 번갈아 가며 나타난다면 상담을 받아
보길 추천한다. 점수가 너무 세세해서 부담된다면 -5~+5로 간소화해서 사용해도 좋다.

감정에 이름 붙이기

감정 카테고리	한국어 감정 단어
행복	기쁘다, 행복하다, 즐겁다, 유쾌하다, 흥겹다, 신나다, 사랑스럽다, 반갑다
슬픔	슬프다, 우울하다, 비통하다, 서글프다, 쓸쓸하다, 외롭다, 상심하다, 낙담하다, 허전하다, 서럽다
분노	화나다, 분노하다, 격분하다, 노하다, 억울하다, 분하다, 열받다, 괘씸하다
공포	두렵다, 무섭다, 겁나다, 공포스럽다, 불안하다, 초조하다, 걱정되다, 떨리다
혐오	역겹다, 혐오스럽다, 메스껍다, 구역질 나다, 질리다, 싫어하다
놀람	놀라다, 깜짝 놀라다, 당황하다, 어리둥절하다, 황당하다, 뜻밖이다
경멸	경멸하다, 멸시하다, 업신여기다, 깔보다, 무시하다, 얕보다
죄책감	죄책감을 느끼다, 가책을 느끼다, 양심의 가책을 느끼다, 자책하다, 후회하다
부끄러움	부끄럽다, 창피하다, 수치스럽다, 민망하다, 쑥스럽다, 낯뜨겁다, 열등감을 느끼다

흥분	흥분되다, 들뜨다, 설레다, 기대되다, 열광하다, 고무되다
자부심	자랑스럽다, 뿌듯하다, 으쓱하다, 득의양양하다, 우쭐하다, 보람차다
만족	만족하다, 흡족하다, 충족감을 느끼다, 성취감을 느끼다, 든든하다
즐거움	재미있다, 우습다, 재밌어하다, 웃긴다, 낄낄대다, 킥킥대다
안도	안도하다, 홀가분하다, 안심하다, 마음이 놓이다, 후련하다, 가벼워지다

우울 자가진단 체크리스트

지난 2주 동안 다음의 문제들로 인해 일상생활에 방해를 받은 적이 있는가?

최종 점수가 5~9점이면 우울장애 스트레스 관리가 필요한 상황, 10점 이상이면 우울장애가 의심되는 상황에 해당한다. 다만, 체크리스트는 절대적 기준이 될 수 없으므로 정확한 진단은 정신과 전문의와의 상담을 통해 이루어져야 한다.

전혀 방해받지 않았다 **0**
며칠 동안 방해받았다 **1**
7일 이상 방해받았다 **2**
거의 매일 방해받았다 **3**

1	일 또는 여가 활동을 하는 데 흥미나 즐거움을 느끼지 못한다.	0	1	2	3
2	기분이 계속 가라앉고 우울하며 삶에 희망이 전혀 없다.	0	1	2	3
3	숙면을 취하기 어렵고 잠들기가 어렵다. 반대로 쏟아지는 잠을 주체하지 못해 종일 잠과 싸운다.	0	1	2	3
4	항상 피곤하고 기운이 하나도 없다.	0	1	2	3
5	입맛이 없어 안 먹거나 반대로 과식을 한다.	0	1	2	3
6	최근 가족 또는 자신을 실망시킨 경험이 있고 스스로 실패자라는 생각이 든다.	0	1	2	3
7	신문을 읽거나 텔레비전을 시청할 때 집중하기가 어렵다.	0	1	2	3
8	다른 사람들이 주목할 정도로 느리게 말하고 움직인다. 반대로 평소보다 많이 움직이며 안절부절못하고 들떠 있다.	0	1	2	3
9	차라리 죽는 게 더 낫다는 생각이 들거나 어떤 식으로든 본인이 자기 자신에게 해를 가할 거라고 생각한다.	0	1	2	3

불안

A는 어릴 때부터 걱정이 많았다. 시험 전날이면 잠을 설치고 배가 아파 화장실에 자주 갔다. 부모님이 외출이라도 하면 사고가 날 것 같은 두려움에 휩싸이기도 했다. 성인이 돼 취직한 A는 상사의 눈치를 보며 열심히 일했지만 상사의 피드백을 받을 때면 '곧 해고당하는 건 아닐까?' 하는 생각에 불안했다. A는 새로운 환경에 적응하는 것이 너무 힘들어 이직은 생각도 하지 못했다. 그래서 과도한 업무가 주어져도 야근, 주말 근무를 하며 일을 해결했다. 어느 날 밤, 중요한 보고서를 마감해야 하는 상황에서 A는 갑자기 숨이 가빠지고 가슴이 조여 오는 듯한 느낌을 받았다. 심장이 미친 듯이 뛰었고, 온몸에 식은땀이 흘렀다. '내가 지금 죽는 건가?'라는 생각에 극도의 공포를 느꼈다. A는 겨우 응급실에 갔지만, 검사 결과 특별한 이상은 없었다. 이 사건 이후 A는 또다시 그런 일이 벌어질까 봐 불안에 시달렸다. 원래도 중요한 발표 전에 느끼던 가슴 두근거림이 심각한 발작의 전조증상 같아서 더 불안해졌다. A의 업무능력은 눈에 띄게 떨어졌다. 실수에 대한 두려움 때문에 결정을 내리기 어려웠고, 동료들과의 소통도 줄었다. 퇴근 후에는 다음 날 일에 대한 걱정으로 잠을 이루기 힘들었다. 그러다 A는 동료의 추천을 받아 정신과를 찾았다.

걱정이 많고 새로운 환경에 적응하기 어려워하는 A는 생물학적으로 불안에 취약한 유전적 소인을 가지고 있었을 가능성이 높다. 작은 자극에도 쉽게 큰 불안을 느끼고 신체 반응(배앓이)을 보였던 A는 지속적인 스트레스 상황에서 결국 극심한 공황발작을 경험한다. 여기에 과도한 업무 스트레스라는 환경적 요인이 A의 불안을 더욱 악화시켰다. 심리적으로는 상황을 파국적으로 해석하는 도식을 발전시켰다. 상사의 한마디에 해고를 걱정하던 A는 극심한 공황발작을 경험한 뒤 몸의 작은 감각(발표 전 두근거림)도 파국적으로 해석하게 된다.('또 공황발작이 일어나는 건 아닐까?') A는 상담을 통해 자신이 겪은 것이 스트레스로 인한 공황발작이었으며, 현재는 예기불안(예상되는 부정적인 일들에 대해 미리 걱정하는 불안, 여기서는 불안할까 봐 느끼는 불안이다.)에 시달리고 있다는 것을 알게 됐다. A는 처음으로 자신의 상태를 객관적으로 이해하게 되었고, 적절한 치료와 스트레스 관리 방법을 배우기 시작했다.

나도 불안장애일까?

불안은 미래의 위협이나 부정적인 사건에 대해 걱정과 두려움을 느끼는 상태다. 모든 사람이 불안을 경험한다. 불안은 위험을 미리 발견하고 나를 보호하기 위해 반드시 필요한 감정이다. 적당한 불안은 위험을 대비하고 발전하는 동력이 돼준다. 문제는 과도한 불안이다. 불안의 정도가 심해 일상생활에 지장을 준다면 불안장애를 겪고 있다고 본다. 이런 불안장애는 다양한 형태로 나타난다. 일상적인 일들에 대해 과도하고 지속적인 걱정을 하는 '범불안장애', 갑작스럽고 강렬한 공포감과 함께 신체 증상이 나타나는 '공황장애', 다른 사람들의 시선이나 평가에 과도한 두려움을 느끼는 '사회불안장애', 그리고 특정 대상이나 상황에 비합리적인 두려움을 느끼는 '특정 공포증'이 있다.

불안은 단순히 감정을 느끼는 것에서 끝나지 않는다. 신체 반응, 행동, 인지적 증상이 꼬리에 꼬리를 물고 일어나 불안을 악화시킨다. 불안은 뇌의 알람 장치와 같다. 불안을 느낀 뇌는 위험 상황에 대비하기 위해 교감신경(스트레스나 위기 상황에서 활성화돼 심장 박동을 빠르게 하고 혈압을 올리는 신경)을 흥분시킨다. 이때 가슴 두근거림, 식은땀, 근육 긴장, 가쁜 호흡, 불면 등의 신체 증상이 발생한다. 이런 신체 반응이 발생하면 감정을 추스르기 위한

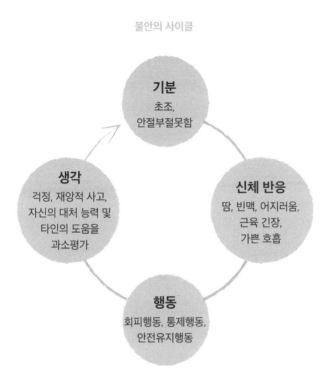

행동을 하게 되는데 불안장애를 겪는 사람들은 일반적으로 대처 행동이 건강하지 못하다. 상황을 통제하려고 하거나, 불안 상황을 회피해 버리는 경우가 많은데 이런 방법은 실패하기 쉽다. 결국 걱정은 늘어난다. 모든 것이 가장 안 좋게 끝날 것을 반복적으로 상상하며 불안은 더 극심해지고 위 그림과 같은 사이클을 빙빙 돌며 악화된다.

☐ 거의 매일 외출 같은 일상적인 일에도 과도하게 걱정하고 불안해하며 이런 감정을 통제하기 어렵다고 느낀다.

☐ 쉽게 긴장하고 안절부절못하며 자주 피로감을 느낀다. 가슴 두근거림, 호흡 곤란, 식은땀, 복통, 메스꺼움, 설사 등의 증상이 자주 발생한다.

☐ 걱정 때문에 잠들기 어렵거나, 긴장해서 자주 깬다.

☐ 걱정 때문에 집중하기 어렵고 일상적인 일이나 약속도 잊어버리는 경우가 많다.

☐ 불안을 유발하는 상황이나 장소를 피하려다 약속 시간에 늦는 등 일상생활에 어려움이 많다.

☐ 실수에 대한 두려움으로 일을 시작하기 어렵거나 지나치게 꼼꼼히 확인한다.

☐ 항상 최악의 상황을 예상하고 그것에 대비하려 한다.

위의 증상들이 2주 이상 지속되거나, 일상생활에 지장을 준다면 전문가와 상담을 고려해 보는 것이 좋다.

우리는 왜 불안에 빠질까?

1

생물/유전학적 요인

불안은 뇌의 특정 부위와 신경전달물질의 불균형과 관련이 있다. 특히 편도체(감정 조절), 해마(기억), 전전두엽(인지 기능) 등의 뇌 부위가 불안과 밀접한 관련이 있다. 세로토닌, 노르에피네프린, 가바(GABA) 등의 신경전달물질 불균형도 불안을 유발할 수 있다. 유전적 요인도 불안 발생에 영향을 미친다. 불안장애가 있는 사람의 가족은 그렇지 않은 사람에 비해 불안장애 발병 위험이 4~6배 높다.

2

환경/사회적 요인

현대 사회의 복잡성, 빠른 변화, 경쟁 문화는 불안을 유발하는 주요 요인이다. 숨 쉬듯 벌어지는 경쟁에서 도태될 것 같은 불안은 교감신경이 꺼지지 못하게 만든다. 통신의 발달로 퇴근 시간이 무의미해져 신경은 종일 업무 모드로 곤두서 있기 일쑤고,

일을 끝내고 만족감을 느끼기도 전에 또 처리할 일이 생긴다. 무엇보다 이런 문화는 우리에게서 잠을 빼앗아 갔다. 많은 사람들이 부교감신경(몸과 마음을 이완시키고 휴식을 취하게 하는 신경계)이 우위에 있어야 할 밤 시간마저 잠을 미룬 채 업무 내지 공부 시간으로 사용한다. 어린 시절의 경험도 중요하다. 과보호나 지나친 통제, 반대로 방임이나 학대 경험이 있는 경우 불안에 취약해질 수 있다. 또한 부모의 불안한 행동을 모방해 불안한 대처 방식을 학습할 수도 있다. 과거에 겪은 트라우마나 큰 생활의 변화(이사, 이직, 사별 등)도 불안을 촉발할 수 있다. 사회적 지지 체계의 부족 역시 불안을 악화시키는 요인이 될 수 있다.

심리/인지적 요인

불확실성에 대한 낮은 수용력은 불안의 중요한 요인이다. 모호한 상황을 견디지 못하고 항상 확실성을 추구하려는 성향이 지속적인 걱정으로 이어지기 때문이다. 또한 불안한 사람들은 특정한 인지적 왜곡을 보이는 경우가 많다. 상황을 부정적으로 해석하거나, 위험을 과대평가하고 자신의 대처 능력을 과소평가하는 것이다. 대표적인 인지적 왜곡은 다음과 같다.

● **파국화**   최악의 시나리오를 상상하고 그것이 실제로 일어
                    날 것이라고 믿는 것.

                    "이 회사에서 잘리면 평생 일자리를 구하지 못할 거
                    야."

● **이분법적 사고**   상황을 극단적으로 좋거나 나쁘게만 해석하는 것.

                    "내 메시지에 바로 답장하지 않는 걸 보니 나를 싫어하
                    는 거야." "이 일을 완벽하게 해내지 못할 거면 아예 시
                    작도 하지 말아야 해."

● **선택적 주의**   위협적인 정보에만 주의를 기울이는 것.

                    "오늘 회의에서 상사가 얼굴을 한 번 찌푸렸어, 분명
                    내 성과가 마음에 들지 않은 게 틀림없어."

● **지나친 일반화**   한 번의 부정적 경험을 모든 상황에 적용하는 것.

                    "한 번 데이트에서 거절당했으니, 난 앞으로 절대 연애
                    를 못 할 거야."

불안에서 벗어나기

불안은 태어나자마자 자연스럽게 느끼는 필수적인 감정이다.
따라서 불안의 치료는 불안이 완전히 사라지는 것이 아니다. 불
안이 완전히 사라지면 그것도 문제다. 불안 치료의 목표는 불안
을 잘 다스리며 살 수 있는 정도로 낮추고, 불안을 다루는 방법을

익히는 것이다.

심각한 불안증상의 경우 항불안제나 항우울제가 유용하다. 일단 비상상황이라고 뇌에서 울리고 있는 사이렌을 끄기 위해서다. 어느 정도 불안이 낮아지면 상담을 통해 불안한 마음과 생각을 다루는 것이 중요하다. 특히 불안장애를 가진 사람들은 부정적이고 왜곡된 사고 패턴을 가지고 있는 경우가 많다. 이럴 때는 내가 가진 사고 패턴을 찾아내 수정하는 인지행동치료가 많은 도움이 된다.

무엇보다 불안을 다루기 위해 반드시 익혀야 하는 가장 쉬운 방법은 이완요법이다. 앞서 교감신경의 흥분으로 인한 신체 증상이 불안의 악순환을 일으킨다고 했다. 이완요법은 부교감신경의 활성을 높여 근육을 이완시킴으로써 교감신경을 안정화하는 방법이다. 이완요법이 효과적인 이유는 쉽고, 언제 어디서든 사용할 수 있는 방법이기 때문이다. 특히 불안이 높으면 자신의 감각을 통제하기 어렵다고 느끼는 경우가 많은데, 이완요법을 익혀놓으면 불안한 상황에서 자기 몸에 대한 통제권을 잃지 않을 수 있다. 또한 생각을 조절하는 것보다 몸을 조절하는 편이 쉽다. 예컨대 코끼리를 생각하지 말라고 하면 아무리 노력해도 코끼리를 떠올리지 않기 어렵다. 마찬가지로 "긴장을 풀어라."라는 말을 듣고 긴장을 풀 수 있는 사람은 없다. 우리 뇌는 "하지 말라."

는 부정명령을 이해하지 못하기 때문이다. 코끼리를 떠올리지 않으려면 다른 동물을 생각하는 것이 가장 쉬운 것처럼, 불안에서 벗어나기 위해서는 이완에 집중하는 것이 가장 쉽고 빠른 방법이다. 이완기법에는 명상, 심호흡, 점진적 근육이완 등이 있다.(구체적인 방법은 pp. 278~283. '치료 이외에 함께하면 좋은 것들' 참고)

불안 자가진단 체크리스트

지난 2주 동안 다음의 문제들로 인해 얼마나 자주 불편함을 느꼈는가?

최종 점수가 5~9점이면 경미한 불안, 10~14점이면 중등도 불안, 15점 이상이면 심한 불안이 의심되는 상황에 해당한다. 다만, 체크리스트는 절대적 기준이 될 수 없으므로 정확한 진단은 정신과 전문의와의 상담을 통해 이루어져야 한다.

전혀 방해받지 않았다 **0**
며칠 동안 방해받았다 **1**
2주 중 절반 이상 방해받았다 **2**
거의 매일 방해받았다 **3**

1	초조하거나 불안하거나 조마조마하게 느낀다.				
		0	1	2	3

2	걱정하는 것을 멈추거나 조절할 수가 없다.				
		0	1	2	3

3	여러 가지 것들에 대해 걱정을 너무 많이 한다.				
		0	1	2	3

4	편하게 있기가 어렵다.				
		0	1	2	3

5	너무 안절부절못해서 가만히 있기가 힘들다.				
		0	1	2	3

6	쉽게 짜증이 나거나 쉽게 성을 내게 된다.				
		0	1	2	3

7	마치 끔찍한 일이 생길 것 같은 두려움을 느낀다.				
		0	1	2	3

번아웃

O는 마케팅팀에서 6년째 일하고 있는 30대 중반의 회사원이다. 대학 시절부터 성실함과 꼼꼼함으로 주변의 인정을 받았던 O는 입사 후에도 빠르게 실력을 인정받아 승진도 남들보다 빨랐다. 하지만 최근 몇 개월 동안 O는 점점 무기력해졌다. 매일 아침 알람 소리에 눈을 뜨면 가슴이 답답해졌다. 회사에 가기 싫다는 생각이 머릿속을 가득 채웠지만, 의무감에 억지로 일어나 출근했다. O의 상사는 완벽주의자로 유명했다. 아무리 열심히 일해도 "당연히 이 정도는 해야지?"라는 말이 돌아왔다. 야근은 일상이 됐고, 주말에도 업무 연락을 받는 게 당연시됐다. 하지만 이런 노력에 대한 인정은커녕, 야근을 해야 겨우 '보통' 수준으로 평가받았다. 업무량은 늘어만 갔다. 새로운 프로젝트가 추가될 때마다 O의 어깨는 무거워졌다. 한번은 중요한 보고서 제출 기한을 놓쳐 상사에게 심한 질책을 받았다. 그 후로 O는 실수에 대한 두려움에 시달렸고, 모든 일에 지나치게 신중해졌다. 점심시간에도 동료들과 어울리지 못하고 자리에서 컵라면으로 끼니를 때우는 날이 많아졌다. 주말에는 월요일이 오는 게 두려워 우울감에 빠졌다. 하지만 이직을 고민하기에는 너무 지쳐있었고, O는 현실에 안주하는 자신을 자책하기만 했다. 어느 날 자신도 모르게 회사에서 눈물이 터진 O는 동료의 조언으로 정신과를 찾았다.

분석

소진(번아웃) 증후군을 겪고 있는 O는 생물학적으로 만성 스트레스에 장기간 노출돼 있었다. 지속적인 스트레스는 코르티솔과 같은 스트레스 호르몬을 과다 분비시켜 신체의 항상성을 무너뜨렸고, 이는 피로감과 수면장애로 이어졌다. 환경적으로는 완벽주의적 상사와 과도한 업무량, 그리고 노력에 비해 낮은 보상이라는 직장 내 구조적 문제가 O의 소진을 가속화했다. 심리적으로 O는 타인의 인정을 통해 자기 가치를 확인하는 경향이 있었다. 상사의 부정적 평가는 O의 자존감을 크게 훼손했고, 이는 사회적 고립과 회피행동으로 이어졌다. O는 상담을 통해 자신의 완벽주의적 성향과 일—삶의 불균형을 인식하고, 건강한 경계 설정의 필요성을 깨닫게 됐다.

나도 번아웃일까?

번아웃은 과도한 직무 스트레스로 발생하는 신체적, 정서적, 정신적 소진 상태다. 이름 그대로 모든 에너지를 불태운 뒤 무기력해진 상태다. 번아웃을 유난히 받아들이기 힘든 건 열심히 일하는 것을 미덕으로 생각하는 사회문화 때문일 것이다. 남들도 다 이렇게 일하는데 나만 유난 떠는 것 같은 민망함이 섞인 자책감 때문에 더 괴롭다. 그러나 번아웃은 그저 열심히 일해서 생기는 것이 아니다.

여러 가지 사회적 맥락이 우리를 빠르게 소진시키고 있다. 과거에도 사람들은 열심히 일했지만 고도의 경제 성장기에는 그에 대한 보상을 기대할 수 있었다. 그러나 경제 성장이 둔화되면서 부의 양극화가 심해진 지금은 그저 열심히 일한다고 보상을 기대하기 어렵다. 평생 열심히 일해도 집 하나 못 사는 현실에서 핑크빛 미래를 바라기란 쉽지 않다. 일에서 의미와 즐거움이라도 찾으면 좋겠는데 그마저도 요원하다. 정보기술 분야는 빠르게 선점할수록 독과점할 수 있는 특성을 갖고 있어서 일을 많이 하는 것에서 나아가 폭발적으로 빨리하길 요구받는다. 실수는 용납되지 않는다. 결과만이 중요한 문화가 모든 영역에 퍼지고 '과정의 노력'은 무시당한다. 내가 어떤 노력과 과정을 거쳤는지가 무시되는 사회에서는 의미를 찾기 어렵다. 게다가 현대 사회는 변화가 너무 빨라서 일에 대한 통제력을 느낄 수 없다. 이 모든 사회의 흐름 때문에 결국 노동의 의미가 상실된다. 내 미래가 나아질 것이라는 기대도 없고, 의미와 재미도 없고, 통제력도 잃은 상황에서 그저 버티다 보면 결국 번아웃이 찾아온다.

물론 번아웃이 사회적 맥락만으로 생기는 것은 아니다. 그럼에도 이를 먼저 언급한 것은 사회적 특성을 고려하지 않고 개인의 문제로 치부하는 것을 원천 차단하고 싶어서다. 번아웃은 대체로 너무 열심히 일해서 생긴다. 그래서 안타깝게도 나보다 일, 회사, 동료를 우선해 나를 지키지 못하는 사람들이 번아웃에 취약하다. 특히 완벽주의적 성향을 가진 사람들은 높은 기준을 충족시키려는 강박 때문에 쉽게 지친다. 자신의 한계를 인정하지 않고 무리하게 일을 떠안거나, 다른 사람의 기대에 부응하려 애쓰다 보면 에너지가 빠르게 소진된다. 자기 관리의 부재, 운동이나 취미 생활의 부족, 불규칙한 생활습관 등도 번아웃을 부추기는 요인이다. 특히 업무 외 시간에도 끊임없이 자기계발을 해야 한다는 압박감은 휴식의 질을 떨어뜨린다. 결국 휴식하지 못해 스트레스를 푸는 능력이 떨어져 스트레스에 더욱 취약해지는 악순환이 반복된다.

번아웃은 단순한 피로나 일시적인 스트레스 반응과는 다르다.

번아웃은 장기간에 걸쳐 천천히 진행되며 만성적인 소진 상태가 특징이다. 다음은 번아웃의 세 가지 주요 특징이다.

---

❶ 정서적 소진 에너지의 고갈, 만성적인 피로감

---

❷ 비인격화(냉소주의) 일이나 타인에 대한 냉소적, 무감각한 태도

---

❸ 성취감 저하 자신의 능력이나 성과에 대한 부정적 평가

체크해 볼만한 위험 신호

☐ 지속적이고 만성적으로 피로감, 에너지가 고갈된 느낌을 받는다.

☐ 일에 대한 열정이 사라지고 업무에 대해 냉소적이고 염세적인 태도를 갖게 된다.

☐ 집중력과 생산성이 현저히 감소해 업무 효율성이 떨어진다.

☐ 두통, 소화 문제, 근육 통증 같은 신체 증상이 자주 발생한다.

☐ 불면증이나 과다 수면 등 수면 문제가 생긴다.

☐ 감정을 조절할 수 있는 에너지가 고갈돼 짜증이 나거나 무기력함을

느낀다.

☐ 업무나 상황을 통제할 수 없다는 무력감을 느낀다.

☐ 일을 시작하거나 완료하는 데 어려움을 겪는다.

☐ 기억력이 떨어지거나, 의사결정을 잘하지 못하는 등 인지 기능과
수행 능력이 저하된다.

☐ 동료나 고객과의 관계에서 갈등이 증가한다.

위의 증상들이 2주 이상 지속되거나, 일상생활에 지장을 준
다면 전문가와 상담을 고려해 보는 것이 좋다.

우리는 왜 번아웃에 빠질까?

생물/유전학적 요인

번아웃은 결국 만성 스트레스 반응이다. 스트레스는 코르티
솔 같은 스트레스 호르몬 분비를 증가시킨다. 그런데 스트레스
가 사라지지 않아 지속적으로 코르티솔 수치가 높게 유지되면

뇌의 구조와 기능에 변화를 일으킨다. 특히 해마, 편도체, 전전두피질에 영향을 미쳐 기억력, 감정 조절, 의사결정 능력이 저하된다. 지속적으로 높은 코르티솔은 면역 체계를 억제한다. 결국 체내 염증 수준이 높아진다. 만성위염이 낫지 않는 이유가 여기에 있다. 심장과 혈관은 지속적인 긴장 상태로 손상받고 혈압이 올라가고 심장은 두근거리기 일쑤다. 코르티솔 분비가 계속되면 다른 호르몬의 생산을 방해한다. 갑상선 호르몬이나 성호르몬의 균형이 깨지면서 전반적인 신체 기능에 악영향을 미친다. 근육과 뼈도 코르티솔 영향을 받아 근육통이나 골밀도 감소가 일어날 수 있다.

환경/사회적 요인

현대 사회의 높은 경쟁과 성과 중심 문화는 번아웃의 주요 원인이다. 과도한 업무량과 불명확한 업무의 경계는 지속적인 스트레스를 유발한다. 내가 얼마만큼의 일을 어느 수준으로 언제까지 해야 할지 명확히 알면 해결책을 찾을 수 있다. 정말 문제는 문제를 파악조차 하기 힘들 때 생긴다. 모호한 문제 앞에서 유일한 방법은 그날그날 쏟아지는 일들을 견뎌내는 것뿐이다. 이런 상황에서 일에 대한 통제감을 갖기란 어렵다. 이외에도 직장 내 인간관계, 괴롭힘이나 따돌림, 불공정한 대우 등도 번아웃을 촉진한다. 특히 눈치를 보는 문화 즉, 감정노동을 해야 하는 직장 조직문화는 번아웃의 기폭제다. 조직에서 혹시라도 배제될까 두려워 불필요한 감정노동까지 자처하게 만든다. 일보다 사람이 더 힘들다는 말이 나오는 것도 무리가 아니다. 감정노동과 관련해서는 특히 타인을 돌보는 직업(콜센터 직원, 의료인, 교사, 사회복지사 등)에서 번아웃 위험이 높다고 조사된다.

조직의 관리 스타일도 중요한 요인이다. 과도한 통제, 불충분한 보상, 공정성 부족 등이 번아웃의 위험을 높인다. 자율성 없이 하는 일은 스스로를 부품처럼 느끼게 만든다. 아무런 동기부여도 성취감도 느낄 수 없다. 일과 삶의 불균형도 중요한 요인이다. 스트레스에 대한 완충 작용을 하는 중요한 심리적 자원을 고갈시켜 번아웃에 더 취약하게 만든다.

③

심리/인지적 요인

기질적으로 불안과 강박이 높은 사람은 번아웃에 취약할 수 있다. 완벽주의, 과도한 책임감, 낮은 자존감을 가진 사람들은 너무 높은 목표를 설정하고, 실패를 두고 지나치게 자책하는 경향이 있다. 강박에서 흔한 인지적 왜곡도 중요한 역할을 한다. 과도한 일반화("한 번 실수했으니 앞으로 모든 일에서 실패할 거야."), 이분법적 사고("성공하지 못했으니 의미가 없어, 난 실패자야.") 같은 인지적 오류는 스트레스를 가중시킨다. 한 번의 실수를 전체적인 실패로 확대 해석하는 경향은 번아웃을 더 빠르게 진행시킨다. 자기효능감의 저하도 번아웃과 밀접한 관련이 있다. 지속적인 스트레스와 과로는 자신의 능력을 불신하게 만들고, 이는 다시 업무 수행 능력을 떨어뜨리는 결과를 가져온다. 악순환이 시작되는 것이다.

번아웃에서 벗어나기

번아웃의 치료법은 개인적 차원과 조직적 차원 모두에서 접근해야 한다. 개인적 차원에서는 먼저 자신의 상태를 정확히 인식하고 받아들이는 것이 중요하다. 번아웃은 나의 취약함의 상징이 아니다. 번아웃은 직무나 사회 환경의 문제에서 비롯된다는 점을 반드시 기억하자. 그로 인해 내가 소진되었으니 일단 나부터 나를 돌보겠다는 마음을 먹는 것이 첫 번째 단계다. 부탁한다. 자신에게 휴식을 허락하자. 휴식은 배부른 여가시간이 아니다. 생명 유지를 위해 꼭 필요한 시간이다. 그때그때 스트레스를 풀어주지 않으면 눈 깜짝할 사이에 스트레스에 잡아먹힐지도 모른다. 그러니 때때로 휴식을 갖고 나를 돌아보자. 그래야 나의 한계가 어디인지 고민하고 인정할 수 있다. 정신적, 신체적 여유가 있어야 일에 대한 고민을 할 수 있다.

너무 당연한 말이지만 일이 나의 전부가 되어서도, 그렇다고 단순한 생계수단으로만 바라보아서도 안 된다. 쉽지 않겠지만 나는 일을 통해서 어떻게 사회와 연결되고 나와 연결될 것인지를 고민해 보아야 한다. 작정하고 사기를 치는 게 아닌 이상 세상의 모든 일은 어떻게든 누군가에게 도움이 되고 있다. 아주 작더라도 문제를 해결했을 때의 짜릿함, 동료와 협력하며 느끼는 연대감같이 나에게 의미 있는 순간들을 의식적으로 발견하고 기억하는 것은 아주 중요하다. 그리고 이것이 가능하려면 여유가 있어야 한다.

번아웃을 일으켰던 루틴대로 살면 번아웃만이 기다릴 뿐이다. 진료실에서 만난 마케터 L은 두 가지 마음으로 인해 번아웃에 빠졌다. 내가 일을 해결하지 못하면 회사가 망할 것 같다는 불안과 좋은 사람이고 싶다는 마음이 그것이었다. L은 대표가 잡은 무리한 업무 일정도 어떻게든 완수하려 애썼다. 고된 업무를 마치고 새벽 5시에야 몸이 파김치가 돼 집에 들어가면서도 내가 일을 해결하지 않으면 대표나 대표에게 일을 맡긴 사람까지 곤란해질 것 같은 불안 때문에 멈출 수 없었다. L은 모든 사람들의 상황을 해결해 주는 좋은 사람이고 싶었다. 그러나 현실적으로 불가능한 일이었다. L은 선택해야 했다. 지금처럼 감당하지 못할 문제를 껴안고 살다가 자신이 가장 두려워하는 일(회사와 사람들에게 피해가 갈 만큼 큰 문제가 생기는 것)이 일어나는 것을 방치할지, 아니면 한계를 인정한 뒤 대표에게 상황을 알리고 해결책을 함께 찾을 것인지 말이다. L은 자신의 역량 내에서 최선을 다하되, 무리한 요구는 거절하는 것이 장기적으로 자신과 회사에 도움이 된다는 사실을 인정해야 했다. 지속 가능한 방식으로 일하면서 자신의 건강과 업무의 질을 모두 지키는 것이야말로 진정한 프로페셔널의 자세임을.

그러나 개인적인 대처 방법은 살아남기 위한 자구책이지 근본적인 해결책은 아니다. 앞에서 알아본 바와 같이 번아웃에는 환경/사회적 요인이 크게 작용한다. 번아웃은 현대병에 가깝다. 조직의 문제가 개인의 병으로 나타나는 것이다. 따라서 번아웃을 근본적으로 해결하려면 조직과 사회의 변화가 반드시 필요하다. 사회적 차원에서는 과로를 미덕으로 여기는 문화를 개선하는 것은 물론, 일과 삶이 균형을 이룰 수 있는 실질적인 방안을 모색해야 한다.

우선 나부터 사회적인 차원에서 번아웃 문제를 공유하고 공감대를 형성하는 활동이 있다면 관심을 가져보자. 근로시간 단축, 직장 내 괴롭힘 방지법 강화 등 제도적 개선에 힘을 보태자. 모두가 따르고 있는 잘못된 시스템 안에서 홀로 옳은 얘기를 하는 건 쉽지 않은 일이다. 하지만 번아웃은 앞서 말했듯 '개인적 차원'과 '조직적 차원'의 해결책이 함께해야 '변화'할 수 있다. 다행히도 모두가 함께 이야기할 수 있는 기회를 만들기 위해 곳곳에서 노력하고 있다. 그러니 뜻을 함께할 순간을 만난다면 외면하지 말고 참여해 보자. 이런 작은 관심과 실천들이 바짝 긴장한 채 일상을 가까스로 이어가다 결국 탈진해 버리는 삶에서 우리를 벗어나게 해줄 것이다.

번아웃 자가진단 체크리스트

다음 문항에 대해 전혀 그렇지 않다(0)부터 매우 자주 그렇다 (4)까지의 척도로 답해보자. 1~10점은 번아웃 위험 낮음, 11~20 점 경미한 번아웃 징후, 21~30점 중등도 번아웃 상태, 31~40점 은 심각한 번아웃 상태에 해당된다. 다만, 체크리스트는 절대적 기준이 될 수 없으므로 정확한 진단은 정신과 전문의와의 상담 을 통해 이루어져야 한다.

전혀 그렇지 않다 **0**
드물게 그렇다 **1**
약간 혹은 가끔 그렇다 **2**
자주 그렇다 **3**
매우 자주 그렇다 **4**

		0	1	2	3	4
1	일 때문에 정서적으로 지친 느낌이 든다.	0	1	2	3	4
2	하루 일과가 끝날 때 완전히 소진된 느낌이 든다.	0	1	2	3	4
3	아침에 일어나서 또 일할 생각을 하면 피곤함을 느낀다.	0	1	2	3	4
4	내 일에 대해 열정을 잃은 것 같다.	0	1	2	3	4
5	내 일에 더 이상 의미나 중요성을 느끼지 못한다.	0	1	2	3	4
6	일에 대한 냉소적인 태도를 가지게 됐다.	0	1	2	3	4
7	업무를 효과적으로 처리하는 데 어려움을 느낀다.	0	1	2	3	4
8	일에서 성취감을 느끼지 못한다.	0	1	2	3	4
9	일상적인 스트레스에 대처하기 힘들다.	0	1	2	3	4
10	사람들과 소통하는 것이 부담스럽다.	0	1	2	3	4

성인 ADHD

사례

H는 어릴 때부터 모범생으로 부모님의 기대를 한 몸에 받았다. 사실 H는 수업 시간에 공상에 빠지거나 숙제를 잊어버리는 일이 잦았는데 성적이 좋아 아무도 문제 삼지 않았다. 대학에서 컴퓨터 공학을 전공한 H는 개발자로 일을 시작했다. 코딩에 강한 흥미를 느껴 한번 시작하면 멈출 줄 몰랐고 덕분에 많은 실적을 냈다. 하지만 작업에 지나치게 몰입해 불필요한 야근을 자주 하고, 식사를 수시로 건너뛰곤 했다. 여러 업무를 동시에 처리해야 할 때면 좋아하는 일에만 몰두하다가 꼭 놓치는 일이 생겼다. 진짜 문제는 H가 팀장으로 승진이 된 후 발생했다. H는 실무보다는 회의 참석, 팀 일정 관리, 업무 분배를 처리해야 했다. 완벽하게 해내려 노력했지만, 점점 힘들어졌다. 회의 시간을 놓치거나, 팀원들의 일정을 잊었다. H는 문제를 해결하기 위해 많은 시간을 일했지만 결국 컨디션까지 나빠져 업무 효율은 더 떨어졌다. 결국 회사에서 H의 업무능력에 대한 말이 나오기 시작했다. H는 이해할 수 없었다. 어릴 때부터 늘 잘해왔고, 남들보다 뛰어나다고 생각했는데 왜 이런 기본적인 일들을 해내지 못하는 걸까. 결국 H는 극심한 스트레스와 불안, 우울감에 시달리게 됐다. 더 이상 일상을 유지하기 어려울 정도로 에너지가 바닥이 난 H는 그제야 병원을 찾았다. 진료를 통해 H는 어릴 적부터 계속된 주의력 문제와 과잉 집중의 패턴이 ADHD와 관련 있을 수 있다는 사실을 깨닫고 놀랐다.

분석

성인기에 ADHD를 진단받은 H는 생물학적으로 전두엽의 도파민 조절 이상을 가지고 있었다. 이는 주의력 조절과 실행 기능의 어려움으로 나타났지만, 높은 지능과 특정 분야(코딩)에 대한 과잉 집중 능력으로 증상이 보완돼 오랫동안 발견되지 않았다. 환경적으로는 구조화된 학교생활과 실무자로서의 업무환경에서는 문제가 없었으나, 팀장 승진 후 다중업무와 행정적 책임이 늘어나면서 ADHD의 핵심 증상(계획 수립, 시간 관리, 업무 전환의 어려움)이 두드러지게 드러났다. 심리적으로, H는 어릴 때부터 '모범생'이라는 정체성을 형성했다. 이는 H에게 높은 자기기대와 완벽주의적 성향을 발달시켰다. ADHD로 인한 실수와 잦은 실패 경험은 이러한 자기 인식과 충돌하며 심각한 스트레스, 불안, 우울을 야기했다. H는 진료를 통해 자신의 인지적 특성을 이해하게 되었고, 이를 보완할 수 있는 전략을 배워나갔다.

나도 성인 ADHD일까?

ADHD의 주요 특징은 '주의력 저하', '과잉행동', '충동성'이다. 뇌에서 감독 역할을 하는 전두엽의 기능이 떨어져 있어서, 여러 생각이나 욕구가 동시에 발생할 때 우선순위를 정하지 못하고, 일을 체계적으로 처리하기 어려워한다. ADHD는 다음과 같은 패턴을 보인다.

주의력 저하 ⇨ 과제 수행 어려움 ⇨ 부정적 피드백, 자존감 하락 ⇨ 보상 추구 행동(과집중, 충동 행동) ⇨ 우울, 컨디션 저하 등 일상생활 어려움

ADHD는 주의력 조절에 어려움을 겪게 한다. 이는 단순히 집중력이 부족한 게 아니라, 상황에 맞게 주의를 적절히 배분하고 유지하는 능력의 문제다. 쉽게 말해 좋아하는 일에는 과몰입하고, 싫어하는 일은 정말 못한다. ADHD는 동기부여, 보상, 주의 집중과 관련된 신경전달물질인 도파민이 부족해 발생한다. 도파민 부족은 보상회로를 불균형하게 만드는데, 한마디로 무언가를 했을 때 남들만큼 흥미를 느끼기 쉽지 않다는 소리다. 하기 싫은 일은 더더욱 도파민을 얻을 수 없다 보니 더 집중하기 어렵다. 자

꾸 새로운 자극을 찾아 주의력이 분산되는 이유도 여기에 있다. 새로운 자극이 그나마 도파민이 나오게 도와주기 때문이다. 살다 보면 하기 싫은 일도 해야 하는 법인데 그게 되지 않으니 오해를 받기 십상이다. 더 속상한 건 주변의 핀잔이다. 산만하다, 일을 못한다, 눈치가 없다, 시간 약속을 안 지킨다는 소리를 자주 들으니 점점 자존감도 떨어진다. 이를 보상하기 위해 흥미로운 일에 과도하게 집중하거나 충동적인 행동을 하기도 한다. 이런 행동은 일시적으로 도파민을 분비시켜 기분을 좋게 만든다. 하지만 꼭 필요하고 중요한 일을 먼저 해결하는 것이 아니기에 결국 문제를 더 악화시킨다.

성인 ADHD는 많은 경우 어릴 때 진단받은 ADHD가 지속된다. 하지만 성인이 돼서야 문제가 생겨 병원을 찾는 사람도 많다. 어째서일까? '고기능 ADHD'라는 말을 들어보았을 것이다. 이들은 대체로 지능이 높아 남들보다 수행력이 떨어지는 상태에서도 과제를 잘해낸다. 여기에 인정욕구, 승부욕까지 높다면 자신의 떨어지는 수행력을 보완하기 위해 강박적으로 노력하는 경우가 많다. 문제는 더 이상 자신의 노력으로 문제를 해결할 수 없을 때 나타난다. 대학 진학이나 취업, 특히 승진같이 신경 쓸 일이 많아질 때 발견되는데 사례에 나온 H가 그 경우다. 팀장은 자기뿐 아니라 타인을 관리해야 한다. 우선순위를 설정해 팀원들을 독려하며, 회의에서 변경된 사항을 전달하고, 진행 상황을 파악해야 한다. 모두 실행 기능의 영역이다. 목표 설정, 우선순위 정하기, 계획 짜기, 멀티태스킹은 ADHD를 겪는 사람들이 가장 어려워하는 일들이다. '고기능 ADHD'를 겪는 사람들은 이처럼 더 이상 나의 수행력으로 당면한 과제들을 처리하지 못할 때가 돼서야 ADHD를 의심하고 뒤늦게 병원을 방문해 발견하는 경우가 많다.

체크해 볼만한 위험 신호

☐ 주의 집중이 어렵다. 온라인 쇼핑 중 원하는 물건을 찾다가 전혀 다른 상품을 구경하느라 시간을 허비하거나, 친구와의 대화 중 상대방의 말을 제대로 듣지 못해 같은 질문을 반복하기도 한다. OTT에서 영화를 보다가 줄거리를 놓쳐 자주 되감기를 하기도 한다.

☐ 정리 정돈에 어려움을 겪어 물건을 자주 잃어버리고 찾는 데 시간을 많이 소비한다.

☐ 약속 시간이나 마감 시간을 자주 착각하여 지각하거나 놓친다.

☐ 해야 하는 일을 지속적으로 회피한다. 중요한 프레젠테이션 준비를 미루다가 밤을 새워 완성하거나, 이직을 위한 이력서 업데이트를 계속 미루어 좋은 기회를 놓친다. 청소나 설거지를 미루다가 결국 하지 않기도 한다.

쉽게 산만해진다. SNS 알림 소리에 주의를 빼앗겨 하던 일을 잊어
버리거나, 요가 수업 중 다른 사람들의 동작에 주의가 분산돼 강사
의 지시를 놓치기도 한다.

차례를 기다리지 못하고, 대화 중 상대방의 개인적인 이야기를 동
의 없이 다른 사람에게 말해버리는 충동적인 행동을 한다. 갑자기
과도한 쇼핑을 하는 경우도 많다.

가만히 앉아있기 어려워하고, 지나치게 말을 많이 하는 과잉행동을
한다. 다른 사람이 말할 기회를 뺏어 자기만 얘기하거나, 정적인 요
가나 명상을 견디기 어려워한다.

감정 조절을 어려워한다. SNS에서 읽은 뉴스로 하루 종일 우울해하
거나, 데이트 중 상대의 작은 실수에 심하게 화를 내고 후회한다.

좌절을 참지 못한다. 강의를 듣다가 이해가 되지 않으면 즉시 수강
을 중단하는 등 스트레스 상황에서 쉽게 포기하거나 화를 낸다.

반복되는 실패 경험으로 인해 자신감이 떨어져 있다. 칭찬을 받아
도 믿지 않고 자신의 능력을 의심하고 불안해한다.

도파민 부족을 보상하기 위해 과도하게 게임을 하거나, 술, 담배에
의존하는 등 중독행동을 보인다.

위의 증상이 어릴 때부터 또는 성인기에 2주 이상 지속되거
나, 일상생활에 지장을 준다면 전문가와 상담을 고려해 보는 것
이 좋다.

성인 ADHD는 왜 생길까?

생물/유전학 요인

ADHD는 강한 유전적 성향을 가진다. ADHD가 있는 사람의 부모나 형제자매 중 ADHD가 있을 확률이 일반인보다 2~8배 높다. 뇌 구조와 기능의 차이도 관찰된다. ADHD 내담자들은 전두엽, 기저핵 등 주의력과 충동 조절에 관여하는 뇌 영역의 크기가 작거나 활성도가 낮은 경향이 있다. 또한 각성, 인지 기능, 의욕 등과 관련된 노르에피네프린의 부족, 동기부여, 보상, 주의 집중과 관련된 신경전달물질인 도파민의 부족이 ADHD의 주요 원인으로 여겨진다.

환경/사회적 요인

성인 ADHD는 사회가 가속화되고 복잡해진 것과 깊은 관계가 있다. 4차 산업으로 가속화된 현대 사회는 점점 개인에게 빠른 업무 처리 속도와 완성도, 적응력을 요구한다. 과거에는 약간의 주의력 저하가 큰 문제가 되지 않았지만, 현재는 일상생활에서조차 치밀한 사전 계획과 빠른 반응을 요구한다. 이제는 밥을 먹을 때도 머리를 자를 때도 유명한 곳은 다 미리 빠르게 예약을 해야 한다. 더불어 스마트폰, SNS 등 주의를 분산시키는 요소들이 증가하면서, 업무 수행과 일정 관리가 더욱 어려워졌다. 심지어 멀티태스킹의 필요성도 높아졌다. 결과적으로, 현대 사회는 ADHD 증상을 가진 이들에게 더 큰 도전을 요구하고 있으며, 이는 성인 ADHD의 증가와 관련이 있을 수 있다.

심리/인지적 요인

ADHD는 지연 혐오라는 특성을 보이는데, 이는 즉각적인 보상을 선호하고 지연된 보상을 기다리는 것을 어려워하는 것을 의미한다. 이러한 성향은 특히 목표를 달성하기 위해 장기적으로 노력해야 할 때 큰 어려움을 겪는다. 또한, 시간의 흐름을 정확히 인지하지 못하는 일이 잦아 계획을 수립할 때도 힘들어한다. 짧은 시간 동안 과도하게 많은 일을 하겠다고 계획하거나 약속 시간에 늦는 이유다.

완벽주의적 성향을 가진 ADHD 내담자의 경우, 작은 실수에도 과도하게 반응하여 불안과 초조함을 느끼게 되고, 이는 집중력 저하로 이어질 수 있다. 낮은 자기효능감 때문에 작은 도전도 쉽게 포기하거나 회피하는 경향을 보이기도 하는데 이런 상황이 반복되면 주의력 문제가 더욱 악화될 수 있다. 반복된 실패 경험으로 만들어진 부정적인 자아상과 낮은 자존감도 ADHD 증상을 악화시키는 요인으로 작용하며, 불안과 우울로 이어지기도 한다. 인지적 유연성이 부족한 경우 상황에 따라 사고방식이나 행동을 바꾸는 데 어려움을 겪는다. 이는 현대 사회가 요구하는 높은 적응력, 멀티태스킹 능력과 상충돼 추가적인 스트레스를 일으킨다. 스트레스에 대한 취약성이 높을수록 일상의 압박 상황에서 쉽게 주의력이 분산될 수 있다.

성인 ADHD에서 벗어나기

성인 ADHD의 치료는 약물치료와 생활 관리를 병행하는 종합적인 접근이 효과적이다.

ADHD는 전두엽에서 도파민과 노르에피네프린의 분비가 부족한 경우가 많다. 도파민은 집중력을 담당하고 노르에피네프린은 충동 억제를 담당한다. 따라서 이 두 가지 신경전달물질의 양이 충분하도록 도와주는 약을 쓰면 큰 도움이 된다. 약물치료로 기대되는 효과는 1) 집중력을 높여주고, 2) 행동을 시작하기 전에 생각할 시간을 가질 수 있도록 충동성을 줄여주며, 3) 자신의 행동을 통제할 수 있는 통제력을 높여주는 것이다. (pp. 236~237. '항우울제, 항불안제… 알고 먹어야 약이 된다' 참고) 약물치료의 효과는 상당히 긍정적이다. 실제 많은 내담자들이 약 복용 후 "머릿속 구름이 걷힌 것 같다."거나 "생각들이 조용해졌다."는 반응을 보인다.

그러나 약물이 완전한 해결책이 될 수는 없다. ADHD의 독특한 인지 처리 방식을 이해하고, 자신에게 맞는 환경과 대처 방식을 찾는 것이 중요하다. 쉽게 말해 약물로 증상이 어느 정도 조절되면 지속 가능한 나의 일상 루틴을 만들기 위한 훈련을 해야 한다. ADHD의 경우 10을 노력해도 2~3밖에 효과를 보지 못하는 경우가 많다. 약물치료는 10의 노력이 7~8 정도의 결과를 가지고 올 수 있게 도와준다. 노력을 해도 안 되던 사람이 노력을 해서 되면 신난다. 그러면 과제를 제시간에 계획대로 완수하는 경험, 일상에 루틴이 생기는 경험을 쌓아갈 수 있다. '주의력을 유지하며 사는 감각'에 점점 익숙해지는 연습을 하는 것이다. 그렇게 스스로 집중, 계획, 실행을 자유롭게 조절할 수 있게 되면 약을 줄일 수 있다. 치료의 목표를 주치의와 함께 정하는 것도 중요하다.

치료 과정에서 주의할 점은 즉각적으로 모든 문제가 해결될 거라는 기대는 금물이라는 것이다. 주의력이 높아진다고 자신이 가진 모든 문제가 해결되진 않는다. 비관적이고 실수를 할 것 같은 불안은 성공의 경험이 쌓여야 해소될 수 있다. 반대로 너무 신나서 일에 골몰하다가 번아웃이 오지 않게 스스로를 챙기는 법을 연습해야 할 수도 있다. ADHD의 특징 중 하나가 금방 좌절하고 포기해 버리는 것이기 때문이다. ADHD 치료에는 최소 몇 년의 시간이 소요된다. 그러므로 지금까지 살며 차곡차곡 쌓아온 나쁜 습관을 고치는 데는 긴 시간이 들 수밖에 없다는 마음의 준비가 필요하다.

마지막으로, ADHD 약물은 만병통치약이 아니다. 과도한 복용은 오히려 부작용을 초래할 수 있다. 적절한 용량과 지속적인 관리, 그리고 개인에게 맞는 전략 개발이 ADHD 치료의 핵심이다.

‖ 성인 ADHD 자가진단 체크리스트 ‖

모든 문항에 표시를 한 뒤 해당 항목의 점수를 더해, 총점이 14점 이상이라면 ADHD를 의심해 볼 수 있다. 다만, 체크리스트는 절대적 기준이 될 수 없으므로 정확한 진단은 정신과 전문의와의 상담을 통해 이루어져야 한다.

전혀 그렇지 않다 **0**
드물게 그렇다 **1**
가끔 그렇다 **2**
종종 그렇다 **3**
자주 그렇다 **4**

아래 질문을 읽고 오른쪽의 평가 기준에 맞춰 답해보자. 질문에 답할 때는 지난 6개월 동안 내가 어떻게 느끼고 행동했는지를 가장 잘 설명하는 칸에 ○표 하면 된다.

1 사람들과 대화할 때, 얼굴을 마주 보고 이야기해도 집중이 안 될 때가 얼마나 자주 있습니까?   0   1   2   3   4

2 자리에 앉아 가지는 모임이나 상황에서 얼마나 자주 이탈합니까?   0   1   2   3   4

3 혼자 시간을 보낼 때 이완하거나 느긋하게 쉬는 것이 어려울 때가 얼마나 자주 있습니까?   0   1   2   3   4

4 대화를 나누면서 얼마나 자주 상대방의 말을 끊습니까?   0   1   2   3   4

5 마감 시간 직전까지 얼마나 자주 일을 미룹니까?   0   1   2   3   4

6 생활을 질서 있게 유지하고, 청구서 납부, 집 안 정리 정돈 같은 일상적인 일들을 처리하는 데 다른 사람의 도움을 얼마나 자주 받습니까?   0   1   2   3   4

강박

사례

대학생인 C는 어릴 때부터 완벽주의 성향이 강했다. 엄격한 C의 부모님은 C에게 늘 높은 기대를 걸었고, C는 기대에 부응하기 위해 최선을 다했지만, 그 과정에서 늘 불안했다. 작은 실수도 있어선 안 된다는 생각이 점차 C의 마음속 깊이 자리 잡았다. C에게는 원래도 공부를 시작하기 전에 손 씻는 버릇이 있었는데, 원하던 학점을 받지 못한 후부터는 그 횟수가 급격히 늘었다. 처음에는 하루에 10번 정도였지만, 점점 20번, 30번으로 늘어났다. 손을 씻지 않으면 가족들에게 해를 끼칠 것 같다는 생각이 들었다. 이런 생각이 비합리적이라는 걸 알면서도 C는 불안감을 떨쳐낼 수 없었고, 참다 참다 다시 손을 씻었다. 손을 씻는 데 많은 시간을 보내다 보니 수업에 늦기 일쑤였고, 수업 중간에도 손을 씻으러 나가야 할 정도가 되었을 때 C는 병원을 찾았다.

분석

강박장애를 겪고 있는 C는 생물학적으로 세로토닌 체계의 불균형과 전두엽—선조체 회로의 과활성화 경향이 있었을 것이다. 이러한 신경생물학적 취약성은 불안과 반복적 사고를 통제하기 어렵게 만들었다. 환경적으로는 엄격한 부모 밑에서 자란 성장 배경과 실패 경험(학점 하락)이 촉발 요인으로 작용했다. C가 가진 완벽주의적 성향은 부모의 높은 기대에 부응하려는 노력 속에서 강화됐다. 심리적으로 C는 자신의 사소한 실수가 타인에게 해를 끼칠 수 있다는 과도한 책임감과 마술적 사고를 발전시켰다. 이는 손 씻기라는 중화 행동을 통해 불안을 일시적으로 감소시키는 패턴으로 이어졌고, 시간이 지날수록 의식(ritual)의 강도와 빈도가 증가했다. C는 진단과 진료를 통해 자신의 불안과 생각, 행동을 죄책감 없이 객관적으로 이해할 수 있었다.

나도 강박일까?

　강박은 강한 압박이라는 뜻이다. 원치 않는 특정한 생각이 떠오르는 압박을 받고, 그로 인한 불안을 해소하기 위해 특정 행동을 반복하는 내부적인 압박을 받는다. 이런 생각을 '강박사고', 행동을 '강박행동'이라 한다. 강박의 기전은 두 가지 이론으로 설명된다. 첫 번째 이론은 '학습이론'이다.

침투사고 ➪ 부정적 해석 ➪ 과도한 책임감 ➪ 불안 증가 ➪ 강박행동
➪ 일시적 안도 ➪ 강박행동 강화

　우리는 깨어있는 하루 동안 자신의 의지와 상관없이 강제로 떠오르는 생각을 약 500번 경험한다. 이것을 '침투사고'라고 한다. 침투사고는 실수, 잘못 같은 불쾌한 상상이 많다.('내가 실수로 문을 열어두고 나온 건 아닐까?') 우리 뇌가 잠재적인 위험을 감지하고 대비하려는 기능이기 때문이다. 대부분은 이런 생각을 무시하거나 빠르게 처리하지만, 강박이 있는 경우 이를 더 위협적이거나 중요한 것으로 해석한다.('이런 생각이 들다니 정말로 그럴 수도 있어!') 그리고 이러한 생각에 대해 과도한 책임감을 느낀다.('내가

확인하지 않으면 강도가 들 거야!') 당연히 이런 생각은 불안을 끌고 온다. 이 불안이 너무 고통스럽기 때문에 불안을 줄이기 위한 특정 행동을 하게 되는데(반복적으로 문이 잠겼는지 확인한다.) 이런 행동은 잠시나마 불안을 감소시킨다. 결과적으로 뇌는 강박행동을 효과적인 대처 방법이라고 학습하고, 강박행동을 유지한다.

'정신역동이론'에서는 강박이 무의식적 충동에 대한 방어기제 때문에 발생한다고 본다. 예를 들어 차분한 초등학교 선생님 M은 수업 중 학생이 말대꾸를 하자 순간적으로 화가 나서 때리고 싶다는 충동을 느꼈다. M은 자신이 이런 생각을 했다는 사실에 크게 충격을 받고 자책했다. 이 사건 이후 M은 그 학생에게 특별히 친절하게 대했다. 자신의 '나쁜 생각'을 무효화하려는 무의식적인 시도 때문이었다.(방어기제—반동형성, 취소) M은 '그저 스트레스 때문에 잠깐 든 생각일 뿐이야.'라고 합리화하며, 그때 느꼈던 분노와 관련된 감정을 의식에서 분리시키려 했다.(방어기제—격리) 그러나 M은 점점 학생들을 대할 때마다 극도의 불안을 느끼게 되었고, 수업 중에 자신의 말과 행동을 계속해서 점검하는 강박적인 모습을 보이기 시작했다. M의 사례는 원래 충동(학생을 때리고 싶은 마음)을 인정하지 않고, 방어기제를 통해 그 감정을 다루는 데 실패할 때, 강박행동과 과도한 불안으로 이어질 수 있다는 점을 보여준다.

강박은 단순한 걱정이나 불안과는 다르다. 많은 경우 자신의 생각이나 행동이 불합리적이라는 것을 알고 있다. 때문에 멈추려고 노력하지만, 그럴수록 커지는 불안 때문에 번번이 실패한다. 계속되는 강박사고와 그 불안을 해소하기 위해 하는 행동 때문에 많은 시간과 에너지를 소모하며 일상생활에 지장을 받는다. 강박 증상에는 다양한 종류가 있는데, 하나의 증상만 가지는 경우도 있고, 여러 가지 증상을 함께 가질 수도 있다.

● 오염 강박

가장 흔한 유형이다. 세균, 바이러스, 독소, 더러운 것에 오염될지 모른다는 공포가 심하며 일상에서 이를 지속적으로 제거하려는 행동을 보인다. 실제 오염된 정도보다 과도하게, 비상식적으로, 길게 또는 자주 씻는 모습을 보인다.

● 확인 강박

두 번째로 많은 유형이다. 문을 잠갔는지, 가스를 껐는지, 수도를 잠갔는지 등을 반복적으로 확인한다. 자신이 실수로 확인하지 못해 파국적인 결과가 생기는 것에 대한 두려움과 불안감이 주 원인이다.

● 정렬(대칭, 순서) 강박

물건들을 완벽하게 정렬하거나 배열하지 않으면 불안해지고 이를 반복적으로 확인하면서 정돈하는 행동을 한다. 일을 특정한 순서나 방식을 지켜서 해야 한다고 생각하는 경우도 있다.

● **사고 강박**

주로 불안을 유발하는 폭력적인 생각이나 성적인 침투사고에 몰두한
다. 이런 생각을 중화시키기 위한 자신만의 행동을 반복한다.

● **종교/도덕 강박**

도덕적인 완벽함에 집착하며 과도한 죄책감에 불안해한다.

● **저장 강박**

대개 쓸모없는 물건들을 버리지 못하고 모으는 행동을 한다. 나중에
필요할 때 없을지도 모른다는 불안감이 원인이다.

● **신체 강박**

특정 신체 부위나 감각에 집착하거나, 질병에 대해 과도한 걱정을 한다.

● **숫자/특정 행동 강박**

특정 숫자를 좋아하거나 피하며, 행동을 특정 횟수만큼 반복해야 한
다는 생각을 하기도 한다.

체크해 볼만한 위험 신호

☐   강박적 사고나 행동으로 하루에 1시간 이상을 소비한다.

☐ 강박적 생각이나 행동을 하지 않으면 심하게 불안하거나 짜증이 난다.

☐ 강박으로 인해 직장, 학업, 대인관계 등에서 손해를 보거나 어려움을 겪는다.

☐ 강박사고를 유발할 수 있는 상황이나 장소를 극도로 피하려 한다.

☐ 자신의 행동이나 판단을 신뢰하지 못하고 끊임없이 의심한다.

☐ 특정 행동을 정해진 순서나 횟수로 반복해야 안심이 된다. 이런 루틴을 방해받으면 심한 불안을 느낀다.

☐ 일어나지 않은 일에 대해 과도한 책임감을 느낀다.

☐ 사소한 실수도 용납하지 못하고 완벽을 추구한다.

위의 증상들이 2주 이상 지속되거나, 일상생활에 지장을 준다면 전문가와 상담을 고려해 보는 것이 좋다.

우리는 왜 강박에 빠질까?

생물/유전학적 요인

신경전달물질 중 세로토닌은 불안과 강박적 사고를 조절하는 역할을 한다. 따라서 세로토닌 체계의 불균형이 있는 경우 강박 증상을 유발하거나 악화시킬 수 있다. 강박장애 내담자의 일촌 친척은 일반인에 비해 강박장애에 걸릴 확률이 3~5배 높은 것으로 보아 유전적 요소가 있는 것으로 생각된다. 뇌영상을 통해 뇌에 있는 전두엽과 기저핵 부위를 이어주는 신경망 기능에 장애가 있다는 사실이 밝혀졌는데, 이는 강박이 단순한 '습관'이 아닌 뇌의 기능적 문제와 관련이 있음을 보여준다.

2

환경/사회적 요인

지나치게 엄격하거나 통제적인 양육 환경, 또는 반대로 불안정하고 예측 불가능한 환경에서 자란 경우 강박이 발생할 위험이 높아진다. 스트레스가 많은 현대 사회의 특성도 강박 발생에 영향을 미친다. 높은 성과를 요구하는 사회 분위기, 불확실성이 큰 사회 환경 등이 개인의 불안을 높이고 강박적 성향을 강화시킬 수 있다. 또한 중요한 인생의 전환점(결혼, 출산, 이사, 새로운 직장 등)에서 강박 증상이 시작되거나 악화되는 경우가 많다. 이는 새로운 환경에 적응하는 과정에서 느끼는 불안과 관련 있는 것으로 보인다. 문화적 요인도 강박의 내용에 영향을 미친다. 예를 들어, 청결을 중시하는 문화권에서는 오염에 대한 강박이 더 흔하게 나타날 수 있다.

심리/인지적 요인

강박을 가진 사람들은 특정한 인지적 왜곡을 보이는 경우가 많다. 이는 사건의 중요성을 실제보다 과대평가하거나('내가 문을 제대로 잠그지 않으면, 반드시 도둑이 들어올 거야.'), 자신의 생각이 현실에 영향을 미칠 수 있다고 믿는 것('내가 가족에게 해를 끼치는 생각을 하면, 그 생각이 실제로 일어날 수 있어.') 등을 포함한다. 불확실성에 대한 낮은 수용력도 강박의 중요한 요인이다. 모호한 상황을 견디지 못하고 확실성을 추구하려는 성향이 강박행동으로 이어질 수 있다. 완벽주의적 성향도 강박과 밀접한 관련이 있다. 실수에 대한 과도한 두려움, 높은 기준 설정, 자신에 대한 비판적 평가 등이 강박 증상을 유발하거나 악화시킬 수 있다. 마지막으로, 지나친 책임감도 강박의 요인이 될 수 있다. 자신의 행동이나 생각이 타인에게 해를 끼칠 수 있다는 과도한 걱정이 강박적 확인 행동으로 이어지는 경우가 많다.

가장 효과적인 치료 방법으로는 인지행동치료와 약물치료가 있다. 약물치료로는 주로 세로토닌 재흡수 억제제(SSRI)가 사용된다. 이 약물은 뇌의 세로토닌 농도를 높여 강박 증상을 완화시키는 데 도움을 준다. 자신을 괴롭히던 강박사고나 행동이 스스로 다룰 수 있을 정도로 줄어들면 행동치료를 병행한다. 강박증은 우울증보다 약물을 고농도로 사용해야 하는 경우가 많다. 호전되는 데도 생각보다 긴 시간이 소요되기도 한다. 따라서 섣부른 좌절은 금물이다.

인지치료는 침투사고를 마주했을 때 '파국적 상상' 대신 '합리적인 대안'을 떠올리는 연습을 통해 불안감을 줄여나간다. 예를 들어, '문을 잠그지 않으면 반드시 도둑이 들 것이다.'라는 생각을 '문을 잠그지 않아도 도둑이 들 확률은 매우 낮다.'로 재구성한다. 효과적이지만 완벽한 증상 제거보다는 주로 증상의 빈도와 심각성을 줄이는 데 도움을 준다.

행동적 전략으로는 노출법과 반응 방지법이 있다. 노출법은 두려운 대상이나 상황에 직면하는 방법이다. 예전에는 도망갔을 상황에서 불안을 낮추는 방법을 사용하며 맞서는 연습이다. 부정적인 상황이라도 지속적으로 노출되면 불안이 점차 무뎌진다는 원리를 사용한 방법이다. 예를 들어, 오염 공포가 있는 내담자에게 점진적으로 '더러운' 물건을 만지게 하는 것이다.

반응 방지법은 불안을 느끼는 상황에서 흔히 일어나는 회피나 강박행동을 막는 방법이다. 예를 들어, 손 씻기 강박이 있는 내담자가 불안을 느낄 때 손을 씻지 않도록 하는 것이다. 처음에는 견디기 어려워하는 경우가 많지만, 내담자와 치료자가 함께 목표를 설정하고 차례차례 성공 경험을 쌓으면 제법 큰 효과를 볼 수 있다. 치료 후에도 배운 전략을 지속적으로 적용하면 호전된 상태를 유지할 수 있다.

강박 자가진단 체크리스트

다음 문항에 대해 전혀 아니다(0)부터 매우 심하다(4)까지의 척도로 답해보자. 0~7점은 증상 없음 또는 매우 경미함, 8~15점은 경미한 증상, 16~23점은 중등도 증상, 24~31점은 심각한 증상, 32~40점은 매우 심각한 증상에 해당된다. 다만, 체크리스트는 절대적 기준이 될 수 없으므로 정확한 진단은 정신과 전문의와의 상담을 통해 이루어져야 한다.

전혀 아니다 **0**

드물게 그렇다 **1**

약간 혹은 가끔 그렇다 **2**

자주 그렇다 **3**

매우 자주 그렇다 **4**

1	강박적인 생각이나 이미지에 시간을 얼마나 소비하십니까?	0	1	2	3	4
2	강박적인 생각이나 이미지가 일상생활에 얼마나 지장을 줍니까?	0	1	2	3	4
3	강박적인 생각이나 이미지로 인한 고통이 얼마나 큽니까?	0	1	2	3	4
4	강박적인 생각이나 이미지를 통제하려는 노력에 얼마나 저항하십니까?	0	1	2	3	4
5	강박 생각이나 이미지를 통제할 수 없어 괴롭습니까?	0	1	2	3	4
6	강박행동을 수행하는 데 얼마나 많은 시간을 소비하십니까?	0	1	2	3	4
7	강박행동이 일상생활에 얼마나 지장을 줍니까?	0	1	2	3	4
8	강박행동을 하지 않으면 얼마나 불안해지십니까?	0	1	2	3	4
9	강박행동을 하지 않으려는 노력에 얼마나 저항하십니까?	0	1	2	3	4
10	강박행동이 잘 통제되지 않아 괴롭습니까?	0	1	2	3	4

수면 문제

35세 직장인 S는 매일 밤, 잠자리에 들 때마다 불안하다. 잠들기까지 한 시간, 두 시간… 잠이 오지 않아 핸드폰이라도 하면 어느새 3~4시간이 지나있다. 간신히 잠에 들어도 깊은 잠을 이루지 못하고 자주 깬다. 그러다 보면 알람이 울린다. 개운하게 일어난 적이 언제인지 어떤 느낌인지 기억도 나지 않는다. 늘 피곤한 채 일어나 커피로 하루를 시작한다. 눈은 뻑뻑하고 목덜미는 뻣뻣하다. 주말에는 밀린 잠을 자고 싶어 하루 종일 잠만 잔다. 잠만 자는데도 피로는 여전하다. 오히려 생체리듬이 깨져 월요일 아침이면 더 큰 피로감에 시달린다. S는 자신이 충분히 자지 못했다는 생각 때문에 종일 기분이 좋지 않고 불안하다. 잔뜩 예민해져 작은 일에도 왈칵 눈물이 나다 보니 사람 만나기를 꺼려 대인관계에도 문제가 생기기 시작했다. S는 우연히 TV에서 불면증에 대한 뉴스를 보고 혹시나 하는 마음으로 병원을 찾았다.

분석

만성 불면증을 겪고 있는 S는 생물학적으로 수면—각성 주기를 조절하는 일주기 리듬이 교란돼 있다. 불규칙한 수면 패턴으로 인해 멜라토닌 분비가 불안정해졌고, 코르티솔과 같은 스트레스 호르몬의 증가는 수면의 질을 더욱 저하시켰다. 환경적으로는 불면증에 대한 보상적 행동(주말의 과다수면, 스마트폰 사용)이 오히려 수면 문제를 악화시키는 악순환을 만들었다. 심리적으로 S는 '잠을 못 잘 것'이라는 예기불안과 '충분히 자지 못했다.'는 부정적 사고에 사로잡혀 있다. 이러한 수면에 대한 과도한 걱정과 집착은 각성 수준을 높여 실제 수면을 방해하는 역설적 상황을 만들었고, 이는 정서적 불안정과 사회적 위축으로까지 이어졌다.

상담을 통해 S는 잠에 대한 부정적 사고를 깨달았다. 원인을 알게 되니 마음이 편해졌다. 여기에 더해 질 좋은 수면을 위한 생활 규칙을 배우고 지켰다. S는 잠에 대한 집착을 버리면서 역설적으로 잠을 잘 자기 시작했다.

나에게도 혹시 수면 문제가?

먼저 '잠'에 대해 알아보자. 잠은 컴퓨터처럼 전원을 껐다 켜는 것과는 다르다. 수면 중의 뇌는 다양한 상태 변화를 보인다. 즉, 잠은 얕은 잠에서 시작해서(1단계) 점점 깊은 잠에 들어간다. (3~4단계) 이때 뇌의 활동은 줄어들고 신체가 회복된다. 그러다 렘수면이라고 하는 깊지도 얕지도 않은 수면 상태가 된다. 이때는 뇌가 매우 활발해져서 꿈을 꾸고 뇌의 신경이 재연결되고 기억이나 감정을 처리한다. 이런 사이클을 90분 주기로 반복하는데 깊은 잠은 주로 잠을 잔 직후에 많이 나타나고, 후반에는 렘수면이 늘어난다. 수면 문제는 이런 수면 전반에서 일어날 수 있는 문제를 뜻한다. 수면과 전혀 상관없는 상황(일하거나, 대화 중)에서 잠에 빠지는 기면병이나, 심한 잠꼬대, 몽유병도 모두 수면과 관련된 문제다. 특히 불면증은 5명 중 1명이 경험할 만큼 흔한 질환이다.

불면증은 이런 정상 수면 구조가 깨져 생긴다. 불면증은 세 가지로 나뉜다. 먼저 잠에 들기 어려운 '입면장애'가 있다. 잠의 시작이 어려운 경우로 머리는 피곤하고 졸린데 잠이 오지 않는 경우를 말한다. 둘째로는 깊은 잠에 들어가지 못하거나 자주 깨는 '수면유지장애'가 있다. 수면의 구조로 보면 1단계의 얕은 잠에 들었다가 2단계(약간 깊은 잠)로 넘어가지 못하거나, 2단계까지 들어갔다가 3~4단계의 깊은 잠까지는 진행되지 않는 경우가 여기에 해당된다. 마지막은 '조기각성'인데 이는 렘수면이 충분히 유지되지 않아 생긴다.

잠에 대한 반응은 다소 극과 극이다. 잠자는 것의 중요성을 간과하는 사람과 잠을 자지 못하는 것에 대해서 지나치게 불안해하는 경우다. 수면은 우리 신체의 회복과 재생에 필수적이다. 하루 중 의미 있는 기억을 저장하고, 감정을 처리하는 과정인 만큼 잠은 감정 조절에도 중요하다. 잠을 자지 못하면 신체는 물론이고 뇌의 피로가 엄청나며, 고혈압, 당뇨, 심장질환 등의 위험이 높아진다. 따라서 늦게까지 게임을 하거나 SNS를 보면서 잠을 이루지 못한다면 수면을 위해서 조금 더 노력하자.

반대로 잠을 못 이루는 것에 대해 공포심을 가지는 경우가 있다. 하루에 반드시 8시간을 자야 한다든가, 다음 날 피곤할 것을 미리 걱정하면서 뜬눈으로 밤을 새운다. 하지만 이런 생각과 마음은 불면을 악화시킨다. 걱정과 불안, 강박적인 생각은 뇌를 각성 상태로 만들어 점점 더 잠들기 어렵게 만들기 때문이다. 잠을 계속 못 자는 것은 분명 힘들고 괴로운 일이다. 하지만 잠을 자지 못해서 당장 죽는 사람은 거의 없다. 우리 몸은 계속 잠을 못 자면 퓨즈가 나간 것처럼 잠들어 버리는 보호 장치를 가지고 있다.

그러니 무서운 마음을 내려놓자. 왜 잠을 이루기 어려운지를 꼼꼼히 살피고 적절한 치료를 받으면 다시 잠을 잘 잘 수 있고, 충분히 잘 자는 시간이 쌓이면 자연스럽게 스스로 잘 잘 수 있게 된다.

체크해 볼만한 위험 신호

☐ 잠을 시작하기 어렵다. 잘 준비를 끝내고 누웠을 때 30분 이상 잠들지 못하고 뒤척인다.

☐ 수면 유지가 어렵다. 자주 깨고 다시 잠들기까지 20~30분 이상 걸린다. 원하는 기상 시간보다 30분 이상 일찍 깨거나 전체 수면 시간이 줄어든다.

☐ 수면의 질이 낮다. 수면 시간은 충분한데도 불구하고 개운한 느낌을 받지 못한다. 자도 자도 피곤한 느낌이 든다.

☐ 낮 동안 피로, 졸음, 집중력 저하를 경험한다. 예민해지고 짜증이 나는 등 기분 변화가 극심하다.

☐ 수면 걱정을 지나치게 한다. 오늘도 잠들지 못할 거라는 생각에 불안해하는 등 잠에 대해 과하게 생각하고 걱정한다.

☐ 수면 시간에 집착하는 경향이 있다. 부족한 잠을 보충하기 위해 주말이나 휴가 때 몰아서 잠만 자려고 한다.

☐ 잠들기 위해 술이나 수면제에 의존한다.

☐ 두통, 소화불량 등의 신체 증상을 겪는다.

☐ 시도 때도 없이 졸리고, 갑자기 쓰러지듯이 잠에 빠진다.

이러한 증상이 일주일에 3회 이상, 한 달 넘게 지속되거나 일상생활에 지장을 준다면 전문가와 상담을 고려해 보는 것이 좋다.

불면증은 왜 생길까?

생물/유전학 요인

신경전달물질의 불균형, 특히 세로토닌, 노르에피네프린, 가바(GABA) 등의 문제로 인해 불면이 발생할 수 있다. 일주기 리듬을 조절하는 특정 유전자에 변이를 가진 사람들은 불면증에 더 취약하다. 나이가 들면서 수면 구조가 변화하는 것도 불면증의 원인이 될 수 있다. 노화에 따라 깊은 잠이 줄고, 자주 깨는 경향이 있다. 여성의 경우, 나이로 인한 호르몬의 변화로 불면을 경험할 수 있다. 갱년기에 불면증이 많은 이유다.

환경/사회적 요인

소음, 빛, 온도 등 환경적인 영향이 불면을 일으킬 수 있다. 특히 도시에서는 수면 공간이 충분히 어둡지 못하거나, 소음이 심해 숙면을 하지 못하는 경향이 크다. 현대 사회의 스트레스와 바쁜 생활 방식도 불면증의 주요 원인 중 하나다. 과도한 업무, 지나친 카페인 복용, 불규칙한 생활 리듬, 경쟁적으로 늦은 시간까지 이어지는 업무나 학업 등이 수면 패턴을 흐트러뜨릴 수 있다. 빛 공해도 수면에 영향을 미친다. 특히 취침 전 스마트폰이나 컴퓨터 사용으로 인한 블루라이트 노출은 수면 호르몬인 멜라토닌의 분비를 억제하여 불면을 유발할 수 있다. 교대 근무나 시차가 있는 여행도 일주기 리듬을 교란시켜 불면증을 일으킬 수 있다.

심리/인지적 요인

걱정이 많고 불안이 높은 사람들은 특히 불면에 취약하다. 또한 하루 종일 지나치게 각성돼 있어 긴장을 풀지 못하거나, 감정을 억누르는 사람들도 불면에 취약하다. 무엇보다 잠들지 못할 것에 대한 걱정이 오히려 불면을 악화시키는 악순환을 만들 수 있다. 수면에 대한 잘못된 인식이나 비합리적인 기대도 불면증을 유발할 수 있다.

불면에서 벗어나기

수면제는 기대도 크고 불안도 큰 약이다. 사람들은 수면제를 먹으면 빠르게 잠들고, 숙면을 취하도록 도와 아침이면 개운하게 일어날 수 있기를 기대하는 동시에 원하면 언제든지 끊을 수 있기를 바란다. 아마도 수면제에 대한 의존도를 걱정하기 때문일 것이다. 맞다. 수면제는 조심스럽게 접근해야 한다. 그렇다고 해서 너무 무서워할 필요는 없다. 약의 부작용보다 장기적으로 잠을 제대로 자지 못했을 때 발생할 부작용이 더 클 수 있기 때문이다. 수면제는 사람들이 생각하는 것만큼 강하고 무서운 약이 아니다. 마취약이 아니라 무조건 재울 수도 없다. 다만 잠이 잘 들 수 있도록 도와주는 약이다.

고혈압이 있으면 혈압약을 먹어야 하듯이 잠을 자기 위해서 수면제가 필요한 사람들이 있다. 꼭 써야 할 때 꼭 써야 하는 양만큼만 먹으면 수면제는 전혀 문제가 없다. 이때 중요한 건 '꼭 써야 할 때'이다. 하루 종일 누워만 있으면서 잠이 안 온다고 약을 먹으면 오히려 문제가 커진다. 그래서 수면 문제를 치료할 때는 약과 별도로 지켜야 하는 것들이 있다. 즉, 수면위생을 지키고, 생활습관을 교정해야 한다. 그리고 수면에 대한 비현실적인 기대를 버려야 한다. 몸에 피로감을 쌓는 활동을 전혀 하지 않은 채, 약을 먹자마자 8~9시간 꿈도 꾸지 않고 깊게 잘 수는 없다. 우리 몸은 일정 이상의 피로도가 쌓여야 잠을 잔다. 대개는 17시간가량 활동을 해야 7시간의 깊은 잠을 잘 수 있다는 사실을 기억하자. 그러므로 수면을 약으로만 조절하려고 하면 안 된다. 열심히 활동하고 수면을 위해 지켜야 하는 규칙인 수면위생 수칙을 지키는데도 잠을 잘 못 잔다면 수면제가 필요한 사람이다.

1. 규칙적인 시간에 잠들고 일어나자. 뇌는 반복하는 행동을 계속 반복하려는 성질이 있다. 특히 일어나는 시간을 지키는 것이 핵심이다. 밤에 늦게 자더라도 정해진 시간에 일어나면, 부족한 수면으로 인한 피로감이 쌓여 점차 일찍 잠들게 된다. 주말도 예외가 아니다.

2. 잠자리에서 수면 이외의 행동은 하지 말자. 잠자리에 누우면 자는 거라는 신호를 뇌에 보내야 한다. 그러면 뇌는 불을 끄고 누우면 자야 한다는 패턴을 학습한다. 잠자리에 누워 핸드폰을 보거나, 일을 하거나, 생각하는 습관은 불면의 직접적인 원인으로 작용한다. 자려고 누웠는데 20~30분 이상 뒤척인다면 차라리 자리에서 일어나서 지루한 책을 읽어보자.

3. 편안한 수면 환경을 지켜내자. 덥거나 추울 때, 너무 습하거나 건조할 때, 시끄럽거나 너무 밝을 때 우리는 잠을 잘 잘 수 없다. 침실을 쾌적하게 유지하는 데 투자하자.

4. 자기 전에는 TV나 핸드폰을 보지 말자. 어려운 걸 안다. 하지만 눈으로 들어가는 강한 빛은 뇌를 각성시킨다.

5. 낮에 최소 30분 이상 산책하면서 햇빛을 보면 좋다. 햇볕을 쬐며 하는 산책은 멜라토닌이 잘 분비되게 도와준다. 운동도 수면에 도움이 되지만 자기 직전에 하는 것은 오히려 뇌를 각성시키므로 피하자.

6. 자기 전에는 명상이나 심호흡, 점진적 이완요법, 가벼운 스트레칭처

럼 긴장을 풀어주는 활동이 도움이 된다. 따뜻한 족욕도 도움이 되는데 샤워나 목욕은 자기 2시간 전이 좋다.

7 수면을 방해하는 카페인이 들어간 음료(커피, 홍차, 콜라 등), 담배, 술은 피하자. 술을 마시면 긴장이 풀려 잠이 잘 온다는 사람들도 있다. 하지만 술은 수면 구조를 망가뜨려서 장기적으로 보면 숙면을 방해한다.

8 잠에 대한 보상 심리와 강박을 버리자. 밤에 잠을 못 자면 낮잠을 자려는 경향이 있다. 하지만 지나친 낮잠은 오히려 밤잠을 방해한다. 낮잠은 피하거나 자더라도 20분을 넘기지 않도록 한다. 주말에 늦잠을 자는 것도 피하자. 잘 자야 한다는 강박도 도움이 되지 않는다. 마음을 편하게 먹자. 자다 일어나서 시계를 확인하는 것도 피하는 게 좋다.

9 배가 고프다면 트립토판이 풍부한 따뜻한 우유 한 잔이나 바나나 약간 정도가 좋다. 취침 전에는 과식을 피하자.

불면 자가진단 체크리스트

　다음 질문에 대해 지난 2주 동안의 경험을 바탕으로 0부터 4까지의 척도로 답해보자. 0~7점은 임상적으로 유의미한 불면증은 없음, 8~14점은 가벼운 불면증, 15~21점은 중등도의 임상적 불면증, 22~28점은 심각한 임상적 불면증이 있는 것으로 본다. 다만, 체크리스트는 절대적 기준이 될 수 없으므로 정확한 진단은 정신과 전문의와의 상담을 통해 이루어져야 한다.

전혀 없음 **0**

약간 **1**

중간 **2**

심함 **3**

매우 심함 **4**

1	잠들기 어려움					
		0	1	2	3	4

2	잠을 유지하기 어려움					
		0	1	2	3	4

3	너무 일찍 깨는 문제가 있음					
		0	1	2	3	4

4	현재 수면 패턴에 대한 만족도					
		0 매우 만족	1 만족	2 보통	3 불만족	4 매우 불만족

5	수면 문제가 일상생활에 미치는 영향					
		0	1	2	3	4

6	수면 문제로 인한 집중력 저하가 다른 사람들에게 눈에 띄는 정도					
		0	1	2	3	4

7	수면 문제로 인한 고민이나 스트레스 정도					
		0	1	2	3	4

중독

32세의 마케팅 회사 중간 관리자 B는 내성적인 편이다. 술을 좋아했지만 술자리는 피했다. 취직 후 그녀는 일주일에 2~3번 TV를 보며 시원한 맥주 한 캔 마시는 것을 낙으로 삼았다. 술을 마시면 긴장도 풀리고 잠도 노곤하게 잘 왔다. 1년 후 승진 압박과 업무 스트레스가 심해지면서 B는 긴장감 때문에 잠을 자기 어려웠다. 그럴수록 찾게 되는 건 술이었다. 자기 위해 거의 매일 술을 마셨고 맥주로는 부족해 소주나 독주를 마셨다. 양이 늘면서 B는 아침에 일어나기 힘들어 지각이 잦아졌고, 업무 능률도 떨어졌다. 그럼에도 B는 술을 마시지 않으면 느끼는 스트레스와 불면 때문에 음주를 멈추지 못했다. 결국 상사에게 불려 가 근무태도에 대한 질책을 받은 B는 술을 끊기로 다짐했다. 하지만 이틀 뒤 B는 업무 도중 손이 떨리는 자신에게 신경질이 났고 동료와도 크게 싸웠다. 결국 참을 수 없이 화가 나 다시 술을 마셨다. 술을 마시자 오히려 제정신으로 돌아오면서 몸도 편해졌다. 그 뒤 B는 죄책감을 느끼면서도 몰래 술을 마시기 시작했다.

알코올 의존을 겪고 있는 B는 생물학적으로 지속적인 음주로 인해 뇌의 보상회로가 변화됐을 가능성이 높다. 술을 통한 도파민 분비와 쾌락중추의 자극은 일시적인 긴장 해소와 편안함을 주었지만, 결국 더 강한 술을 필요로 하는 내성으로 이어졌다. 환경적으로는 내성적 성격과 승진 압박, 업무 스트레스가 음주 행동을 부추겼으며, 한국의 높은 주류 접근성은 이를 더욱 강화했다. 심리적으로 B는 스트레스와 불면에 대한 '자가치료'로 술을 선택하는 부적응적 대처 방식을 발전시켰다. 반복되는 금주 시도 실패와 은밀한 음주 행동은 죄책감과 자기혐오를 키웠고, 이는 중독의 핵심 증상인 통제력 상실로 이어졌다.

나도 중독일까?

중독이란 어떤 대상이 없을 때 정신적으로 혹은 신체적으로 견디지 못하는 의존 현상이다. 중독은 중독의 대상이 무엇인지에 따라 두 가지로 나뉜다. 알코올이나 마약 등의 물질에 빠지는 '물질 관련 중독'과 도박, 쇼핑, 게임, 성행위 같은 행위에 빠지는 '비물질 중독'이 그것이다. 후자는 행위 중독이라고 많이 표현한다.

쾌락 ⇨ 자가치료/자기 진정 목적으로 행동 반복 ⇨ 행동의 습관화, 훨씬 쉽게 반복 ⇨ 금단증상 때문에 행동 지속 ⇨ 통제력의 상실, 소진적으로 행동 지속

중독에는 패턴이 있다. 먼저 중독 대상으로 쾌락을 느낀다. 음주나 도박, 쇼핑 같은 중독행동이 단기적으로 나를 즐겁게 하고 진정시키는 데 도움이 된다. 술을 먹으면 불안이 줄고 잠을 잘 자고, 도박을 하면 인생이 짜릿하다고 느끼며, 쇼핑을 하면 스트레스가 풀리는 것만 같다. 즐거움을 느끼니 그 행동을 반복하게 된다. 행동을 반복하다 보니 어느새 습관이 된다. 습관은 뇌에 그 행동을 일으키는 회로가 굵고 튼튼해지는 것이다. 그래서 중독

행동은 즐거움과 동시에 습관처럼 일상에 박힌다. 쾌락은 도파민이 대량으로 분비돼 발생하는데 이렇게 도파민을 펑펑 써버리면 고갈된다. 더 이상 같은 정도로는 성에 안 차게 된다. 더 많이, 더 자주 중독행동을 해야 한다. 더 큰 문제는 이미 뇌가 쾌락에 익숙해져서 원하는 만큼의 도파민이 나오지 않으면 화를 낸다는 것이다. 짜증 나고 불안하고, 심한 경우 신체적인 증상(구역, 구토, 어지러움 등)이 일어난다. 이것을 금단증상이라고 한다. 그럼 결국 금단증상을 달래주기 위해 다시 중독행동을 하고 그 이후로는 완전히 통제력을 상실해 버린다. 내 건강, 직업, 대인관계 등 모든 것이 망가져도 행동을 멈출 수 없게 된다.

처음부터 자신이 중독자가 될 거라고 생각하는 사람은 없다. 중독은 대부분 일주일에 한 번 친목을 위한 술자리를 가지거나, 스트레스 해소를 위해 자잘한 물건을 쇼핑하는 것처럼 아주 일상적인 모습으로 시작된다. 그러다 이전만큼의 만족을 느끼지 못할 때, 일주일에 한 번 마시던 술이 3일, 5일, 그러다 매일로 늘어난다. 자잘하던 쇼핑이 풀지도 않은 택배박스가 집을 점령하도록 반복된다. 그러면서 일상생활이 무너진다. 문제는 중독이 시작된 행동이 너무 일상적이었고, 이미 그 상황에 익숙해져 있어서 상황 판단이 안 된다는 것이다. 그러니 다음과 같은 위험 신호가 느껴진다면 주저하지 말고 상담을 생각해 보자.

☐ 중독은 도파민의 양과 관련 있다. 도파민을 펑펑 쓰다 보면 뇌에 더 이상 사용할 도파민이 없어지고, 있는 도파민에도 무감각해지는 상태가 된다. 이것이 내성이다. 똑같은 행동을 했을 때 예전보다 즐거움이 덜하다면 주의하자. 특히 점점 더 중독행동을 하는 시간이 늘어난다면 적신호다.

☐ 중독행동을 멈췄을 때 불안, 짜증, 우울 같은 금단증세를 느낀다면 중독과 가까울 가능성이 높다. 이미 뇌가 높은 수준의 도파민을 요구하고 있다는 뜻이다. 특히 음주를 멈췄을 때 손이 떨리고, 땀이 나며, 구역질이 난다면 반드시 병원을 찾아야 한다.

☐ 중독 문제를 가진 대부분의 사람들은 자신의 통제력을 과신한다. 마음을 안 먹어서 그렇지 마음만 먹으면 끊을 수 있다고 자신한다. 하루 이틀은 참을 수 있을지도 모르지만 오래 유지하기는 힘들다. 자신에게 솔직한 것이 가장 어렵고 중요하다. 점차 중독행동이 늘어나는데 거기에 그저 따라가고 있다면 이미 통제력을 상실했을 가능성이 높다.

☐ 급격한 감정 변화나 우울증 증상이 느껴진다면 주의하자. 이미 뇌에 문제가 생겼을 가능성이 높다. 기분 변화 때문에 중독행동에 더욱 심취하게 될 수도 있다. 예전에 좋아했던 취미 활동, 사람들과의 만남 등을 자꾸만 미루고 포기한다면 특히 더 주의하자.

☐ 직장생활, 학업, 대인관계 등에 문제가 생긴다면 병원에 가자. 이 정도까지 됐으면 이제 인정할 때가 됐다.

☐ 중독의 가장 어려운 점은 자신의 문제를 인정하기 어렵다는 것이다. 스스로에게도 남에게도 솔직하기가 참 어렵다. 누군가 당신에게 중독행동에 대해 조언했을 때 버럭 화를 내거나 짜증부터 난다면, 당신은 중독 문제를 가지고 있을 가능성이 아주 높다. 걱정과 위로조차 간섭이라고 느껴진다면 이제 병원에 갈 때다.

중독행동(음주, 도박, 쇼핑 등)을 하는 중 위의 증상이 하나라도 있다면, 행동을 스스로 조절할 수 없다면, 여러 번 중단하려고 해도 실패해서 일상생활에 지장을 준다고 느낀다면 지체 없이 정신과를 방문하자.

우리는 왜 중독에 빠질까?

생물/유전학 요인

뇌에는 쾌감을 느끼는 부위인 '쾌락중추/보상회로'가 있다. 이 부위의 연료는 도파민이다. 생물학적으로 중독행동은 쾌락중추를 자극시켜 더 많은 즐거움을 얻기 위해 반복을 추구한다고 알려져 있다. 남성이 여성보다 중독에 빠질 확률이 높고, 쾌락을 크게 느끼는 예민한 사람이 중독에 빠질 위험이 높다. 즐거움을 총천연색으로 즐길 수 있는 만큼 거기에 지나치게 빠져들 위험도 높은 것이다. 중독은 유전성도 있다. 술의 경우 친족 중 중독자가 있을 때 중독의 위험도가 3~4배 높아진다.

환경/사회적 요인

행위 중독은 특히 환경 요인이 많이 작용한다. 소비를 부추기고 더 많은 것을 욕망하게 하는 자본주의 문화에서는 특히 쇼핑중독, 도박중독에 빠지기 쉽다. 알코올중독도 마찬가지다. 술을 강요하고, 음주 후 실수하는 것에 지나치게 관대한 문화, 술에 대한 접근도(얼마나 쉽게 살 수 있는지, 얼마나 싼지)가 좋을수록 알코올중독에 빠질 위험이 높다. 우리나라는 동네 편의점 어디에서나 술을 팔고 가격도 굉장히 저렴한 편이어서 접근성이 좋은 나라에 속한다.

3

심리/인지적 요인

알코올중독의 경우 큰소리치고 괄괄한 성향의 사람들이 더 위험할 것이라고 생각하지만, 소심하고 내성적인 사람도 굉장히 많다. 자가치료로 술을 사용하는 경우다. 또한 자존감이 낮고 자기연민이 강해 방어적인 사람들도 많다.

중독에서 벗어나기

중독에 빠진 사람들은 대체로 자존감이 바닥이다. 자기비난을 멈추지 않는다. 방어적이고 외부와 단절되려고 한다. 중독에서 벗어나기 위해서는 일단 현실을 인정해야 한다. 비난하고 방어해 봤자 바뀌는 것은 아무것도 없다는 것을 알아차려야 한다. 자신이 중독에 빠진 상태라는 것을 인정해야 그 진창에서 빠져나올 수 있다. 비난을 멈추고, 회피하기 위해 중독행동으로 돌아가는 것을 멈추고, 나를 바라보자. 내가 무슨 행동을 하고 있는지, 중독행동이 어떤 도움을 주고 어떤 괴로움을 주고 있는지, 중독행동이 나에게 어떤 의미인지, 무엇보다 내 안의 어떤 공허함이 나를 계속 중독으로 내모는지 살펴야 한다.

그러다 보면 당신은 생각보다 중독의 대상 자체를 사랑하진 않는다는 사실을 깨달을 것이다. 무슨 소리냐고, 그 누구보다 그 어떤 것보다 나를 위로해 주는 대상이라고 반문할 수 있다. 하지만 잘 생각해 보자. 술을 정말로 사랑한다면 왜 술을 끊지 못하는 것에 수치감을 느끼는가. 쇼핑을 사랑한다면 왜 물건을 한곳에 처박아 두는가. 정말 중독의 대상이 내 목숨과 안녕을 바칠 만큼 가치가 있는가? 결국 중독치료를 위한 상담은 이런 자신의 상태, 중독에 대한 태도, 연관된 생각과 감정을 꺼내어 확인하는 작업이다.

중독의 약물치료는 두 가지로 나뉜다. 하나는 중독 욕구 즉, 갈망을 줄여주는 '항갈망 치료', 또 하나는 우울이나 불안 등 중독과 함께 겪는 정신과적 증상을 줄여주는 약물치료다. 불안과 우울을 이겨내기 위해 음주 같은 중독행동을 하는 경우, 동반 증상을 줄여주면 갈망이 줄어드는 경우가 많기 때문이다. 알코올 중독의 경우 금단증상이 심하다면 입원치료가 필요할 수 있다. 특히 알코올은 티아민이라는 비타민의 결핍을 유발해서 치매를 일으킬 수 있기 때문에 비타민 보충도 필수다.

중독 자가진단 체크리스트

　　다음 문항에 '예' 또는 '아니오'로 답해보자. 다음 테스트는 알코올, 약물, 또는 기타 중독성 행동에 적용될 수 있다. '예'가 0~1개라면 중독의 위험이 낮음, 2~3개라면 중독의 위험이 있음(주의 필요), 4개 이상이라면 중독의 가능성이 높으니 전문가 상담을 권장한다는 의미다. 다만, 체크리스트는 절대적 기준이 될 수 없으므로 정확한 진단은 정신과 전문의와의 상담을 통해 이루어져야 한다.

		예	아니오
1	스스로 물질 사용(행동)을 줄여야 한다고 생각한 적이 있습니까?	예	아니오
2	다른 사람들이 자신의 물질 사용(행동)을 비난하여 짜증 난 적이 있습니까?	예	아니오
3	자신의 물질 사용(행동)에 대해 죄책감을 느낀 적이 있습니까?	예	아니오
4	숙취를 제거하거나 물질 사용(행동)에 대한 욕구를 해소하기 위해 아침에 물질을 사용(행동)한 적이 있습니까?	예	아니오
5	물질 사용(행동)으로 인해 일상생활(직장, 학업, 가정)에 지장을 받은 적이 있습니까?	예	아니오
6	물질 사용(행동)을 중단하려고 시도했지만 실패한 적이 있습니까?	예	아니오
7	물질(행동)에 대한 갈망이나 충동을 자주 느낍니까?	예	아니오
8	물질 사용(행동)으로 인해 건강 문제가 생긴 적이 있습니까?	예	아니오

트라우마

마음에 새겨진 상처

회사원 T는 학창 시절부터 은근한 성희롱과 외모 평가에 시달렸다. 한번은 회식 자리에서 상사에게 성추행을 당했지만, 신고했을 때 오히려 "술자리에 갔으면 여자가 알아서 조심했어야지."라는 말을 듣고 충격받았다. T는 깊은 분노와 좌절을 느꼈고, 동시에 자신의 경험이 무시되거나 축소되는 것에 대해 극도로 민감해졌다. 2022년 이태원 참사가 발생했을 때 근처에서 장면을 목격한 T는 깊은 충격에 빠졌다. 특히 일부 언론과 네티즌들이 희생자들에게 '놀러 갔다가 죽은 거 아니냐.'고 비난하자, 그녀는 성희롱 피해를 겪었을 때 들었던 "네가 조심했어야지."라는 말을 떠올렸다. T는 극심한 분노를 느끼면서도 무기력해졌다. 직장에 나가기조차 버겁고 갑자기 멍해지면서 여기가 어딘지 기억나지 않는 일도 생겼다. 밤에는 참사의 잔상이 보여 불을 끌 수 없었다. 이태원 근처를 지나가야 하는 일이 생기면 빙 돌아가느라 지각을 하기도 했다. 결국 T는 친구의 권유로 병원을 찾았다.

분석

외상후 스트레스 장애(PTSD)를 겪고 있는 T는 생물학적으로 과거의 성추행 경험과 이태원 참사 목격이라는 이중의 외상으로 인해 편도체가 과활성화됐다. 이로 인해 해리 증상(멍해짐, 기억 혼란)과 과각성 상태(불면, 과도한 경계)가 나타났다. 환경적으로는 성희롱 피해자를 비난하는 사회적 태도와 이태원 참사 희생자들을 향한 유사한 비난 담론이 T의 트라우마를 재활성화시켰다. 심리적으로 T는 자신의 고통이 무시되거나 축소되는 경험이 반복되면서 깊은 분노와 무력감을 느꼈다. 특히 두 사건에서 나타난 '피해자 책임론'은 T의 과거 외상 기억을 촉발시켜 회피 행동(이태원 우회)과 침습적 기억의 재경험으로 이어졌다. 진료를 통해 자신이 겪은 것이 트라우마로 인한 증상이라는 것을 깨달은 T는 사건의 본질을 외면하고 피해자를 탓하는 반응이 그녀의 과거 기억과 합쳐져 증상으로 나타났다는 것을 깨달았다.

나에게도 혹시 트라우마가?

트라우마(trauma)는 죽을 만큼 위협적인 재난적 사건을 경험한 후 발생하는 심리적 상처다. 트라우마를 일으키는 외상 사건의 특징은 압도적이라는 것이다. 워낙 위협적이라 개인의 대처 능력을 넘어선다. 이때 극심한 무기력을 경험하면서 스스로의 안전에 대한 믿음이 심각하게 망가진다. 스스로 안전하다고 믿을 수가 없는데 마음이 편안할 리 없다. 위험 상황이라는 감각은 불안과 공포를 유지시켜 일상생활에 지속적인 영향을 미치게 된다. 즉, 트라우마는 이미 지나간 과거의 상처가 현재의 삶에 지속적으로 영향을 미치는 경험이다. 현재를 살고 있으면서도 강렬한 과거의 기억이 반복적으로 나의 생각과 감정, 행동을 지배한다.

트라우마는 크게 두 가지 유형으로 나눌 수 있다. 첫 번째는 'Big T 트라우마'다. 전쟁, 자연재해, 심각한 사고나 폭력, 성폭력 등 생명을 위협하는 큰 사건으로 인한 트라우마를 의미한다. 예전에는 이 'Big T 트라우마'만 트라우마로 인정받았다. 하지만 최근에는 생명을 위협할 정도의 사건은 아니지만 일상적으로 부정적인 경험이 반복 누적된 트라우마가 얼마나 위험한지 인정하고 있다. 이런 경우를 'small t 트라우마'라고 한다. 당사자조차

간과하는 경우가 많지만 또래집단에서의 따돌림 경험, 부모에게서 부적절한 방식으로 양육된 경험, 지속적인 무시나 비난, 경미하지만 반복적인 거부 경험 같은 만성적인 스트레스는 개인에게 큰 영향을 미친다. 특히 small t 트라우마는 쉽게 반복되는 특징 때문에 학습된 무기력을 일으키기 쉽고, 수치심을 쉽게 자극한다. 외부의 트라우마 때문에 자신이 상처받았다고 생각하기 전에 내가 문제가 있어서 이런 일이 벌어지고 있다고 생각해 버리기 쉽다. 이럴 경우 새로운 관계를 맺을 때도 소극적이고 방어적이 돼 치료에 반드시 필요한 사회적인 지지까지 놓치게 되는 경우가 많다.

체크해 볼만한 위험 신호

☐ 침습적 기억은 원하지 않는 트라우마 관련 기억이 갑작스럽게 반복적으로 떠오르는 현상이다. 일상생활 중간중간 떠오르는 경우가 가장 많고 심하면 지금 그 트라우마 사건 한가운데 있는 것 같은 강렬한 경험을 하는 '플래시백', 트라우마와 관련된 '악몽'으로 나타나기도 한다.

☐ 지나치게 경계하고 놀라는 '과도하게 각성'된 상태를 보인다. 이로 인해 집중력이 떨어지거나 잠을 못 자기도 한다. 신체적으로도 심

장 박동 증가, 식은땀, 호흡 곤란을 보일 수 있다.

☐ 트라우마를 상기시키는 장소, 사람, 활동 등을 피하려 한다.

☐ 자신, 타인, 세상에 대한 부정적 신념이 강화된다. 모든 정보를 부정적으로 해석하는 것이다. 예를 들어 '내가 폭력의 피해자가 된 것은 내가 약하고 무능력해서다.' '직장 내 괴롭힘을 경험한 후, 모든 동료들이 나를 해칠 것 같아 두렵다.' '교통사고를 겪은 후, 밖에 나가는 것 자체가 위험하게 느껴진다.' '경제적 사기를 당한 후, 앞으로 절대 경제적으로 안정될 수 없을 거라고 믿는다.' 등이 있다. 자기비난이 심해지기도 하고, 세상에 대한 왜곡된 분노를 표현하기도 한다.

☐ 삶에 대한 흥미가 급격히 떨어지고 활동이 줄어든다. 직장생활이나 일상을 유지하기 어려워하기도 한다. 뿐만 아니라 만족스럽다거나 즐겁다는 감정을 느끼지 못하는 '감정 마비'를 보이기도 한다.

☐ 현실감을 상실하거나, 자신이나 주변 환경이 비현실적으로 느껴지는 이상한 감각을 경험한다.

☐ 이야기해 봤자 아무도 자신을 이해할 수 없다는 생각에 소외감을 느끼고 스스로를 격리시킨다. 사람들의 반응에 예민해져 결과적으로 대인관계에서 문제가 발생한다.

☐ 긍정적인 감정, 예를 들어 행복하다거나 만족스럽다거나 사랑받는다는 느낌을 가질 수 없는 지속적인 무능력 상태가 된다.

위와 같은 증상들이 2주 이상 지속되거나, 일상생활에서 현저한 고통을 느낀다면 지체 없이 정신과를 방문하자.

트라우마가 생기는 이유

생물/유전학 요인

6세 이전 아동기에 공격성이나 불안 같은 감정 문제가 있었거나, 공황, 우울, 강박장애 같은 정신 증상이 있었다면 트라우마에 취약할 수 있다. 또한 외상 사건에 노출되는 나이가 어릴수록 PTSD 발병률이 높고 증상 또한 다양하고 심각하게 나타난다. 일반적으로 여성이 남성보다 2~3배 PTSD 발병률이 높다. 여성의 뇌가 스트레스 호르몬에 더 민감하게 반응한다는 생물학적 요인도 있지만, 사회문화적 요인을 무시할 수 없다. 누적된 small t 트라우마가 많고 트라우마의 유형도 성폭력, 가정폭력같이 침습적이며, 사회적으로 취약한 경우가 많기 때문이다.

환경/사회적 요인

트라우마의 발생과 심각도는 개인이 처한 환경과 사회적 맥락에 큰 영향을 받는다. 가족의 지지나 사회적 네트워크의 부재, 빈곤, 차별, 폭력적인 환경, 낮은 교육 상태 등은 PTSD의 위험을 높이고 회복을 어렵게 만들 수 있다. 특히 아동기의 부정적 경험(학대, 방임, 가정폭력 목격 등)은 성인기의 트라우마 취약성을 높이는 중요한 요인이 된다. 이는 small t 트라우마의 전형적인 예로, 장기간에 걸쳐 누적돼 심각한 영향을 미칠 수 있다. 트라우마에 대한 사회적 인식 부족, 적절한 치료 접근성의 부재 등도 PTSD의 유병 기간을 늘리고, 증상을 악화시킬 수 있다.

3

심리/인지적 요인

낮은 자아존중감, 부정적 자기 인식, 통제감 상실 등은 트라우마 반응을 악화시킬 수 있다. 인지적 측면에서는 사건에 대한 해석과 의미 부여가 중요하다. 트라우마 사건을 과도하게 부정적으로 해석하거나, 자신의 대처 능력을 과소평가하는 경향이 있는 사람들은 트라우마 증상이 더 심각해질 수 있다. 또한 생각이나 감정을 억제하거나 술을 마시는 등 회피적인 대처 방법을 사용하는 경우 장기적으로 트라우마 증상이 악화되는 경향이 있다.

트라우마에서 벗어나기

같은 경험을 하더라도 트라우마 후유증이 적은 사람들이 있다. 어떤 사람들일까? 연구에 따르면 외상 사건을 경험했지만 PTSD로 발전하지 않은 사람들은 자신의 감정을 잘 표현하는 특성을 가졌다. 자신의 상태, 경험, 감정을 언어로 표현하는 것이 트라우마를 털어내는 방법인 것이다. 그래서인지 혼자 끙끙 앓고 자기 얘기를 잘 표현하지 못하는 사람들이 더 오랫동안 트라우마 상처로 힘들어한다. 물론 트라우마의 기억을 떠올리는 것은 끔찍할 수 있다. 특히 트라우마의 기억은 파편적이고 지나치게 자극적이라서 이야기로 만들지 못하고 한 장면에 머물러있게 되는 경우도 많다. 그러다 보니 통제력을 상실할까 봐 떠올리는 것 자체로 공포에 질리기도 한다. 그러나 당신은 지금 트라우마 상황 안에 있지 않다. 안전한 공간에서 믿을 수 있는 사람의 정서적인 도움을 받으며 기억을 소화하는 것은 매우 중요한 일이다. 공포에 질리는 몸의 감각을 잘 통제하면서 기억을 정리하다 보면, 결국 트라우마 기억 자체가 가벼워지게 된다.

가능하다면 트라우마 경험을 하자마자 전문가를 찾는 것이 좋다. 자신이 어떤 트라우마를 경험했는지 설명하고, 전문가가 그 경험을 다시 설명해 주는 과정을 거치면서 경험을 객관적으로 볼 수 있는 기회를 얻을 수 있다. 또한 나만 이상한 것이 아니라는 감각을 통해 빠르게 안정할 수 있다. 이런 연대의 감각은 트라우마에서 특히 중요하다. 개인적인 고난이든 사회적 재난이든, 주변 사람들의 위로와 연대는 빠른 회복에 큰 힘이 된다. 미래의 어느 순간 내가 어려움을 겪을 때 나를 그냥 버려두지 않을 것이라는 사회에 대한 믿음은 구성원 모두에게 든든한 비빌 언덕이 돼준다.

트라우마는 우리 삶에 깊은 상처와 흔적을 남긴다. 그 누구도 인생에서 작은 트라우마까지 피하면서 살긴 어렵다. 어떻게 보면 우리의 삶은 트라우마와 극복의 경험으로 조각되는 건지도 모른다. 살다 보면 나도 모르게 피하게 되는 것, 싫어하는 것들이 생겨난다. 그러나 반대로 삶의 의미를 발견하기도 한다. '푸른나무재단'을 설립하고 학교 폭력에 대한 심각성을 알리기 위해 대기업도 퇴직한 김종기 씨가 그 예다. 학교 폭력을 당한 아들의 서글프고 끔찍한 자살이라는 트라우마에 분노하던 그는 그 경험을 통해 학교 폭력 예방과 비폭력 문화 확산이라는 인생의 과업과 의미를 찾아냈다. 그리고 수많은 학생들의 목숨을 구했다. 의미를 찾기 위해서는 트라우마가 반드시 필요하다는 말을 하려는 건 아니다. 반드시 경험해도 좋을 트라우마는 없다. 그러나 이미 경험했다면, 견디고 있다면, 그리고 견뎌낸다면 당신은 반드시 더 단단한 사람이 되리라 믿는다. 다른 이의 아픔에 공감할 수 있고, 그 의미를 통해 남보다 더 깊은 삶의 질감을 느끼는 사람이 될 것이라 믿어 의심치 않는다.

트라우마 자가진단 체크리스트

    다음 문항들에 대해 지난 한 달 동안 얼마나 자주 경험했는지 0부터 4까지의 척도로 답해보자. 0~14점은 트라우마 증상이 낮음, 15~32점은 중등도의 트라우마 증상, 33~40점은 심각한 트라우마 증상이 있으니 전문가 상담을 권장한다는 의미다. 다만, 체크리스트는 절대적 기준이 될 수 없으므로 정확한 진단은 정신과 전문의와의 상담을 통해 이루어져야 한다.

전혀 없음 **0**

약간 **1**

보통 **2**

꽤 자주 **3**

매우 자주 **4**

1	그 사건에 대한 괴롭고 원치 않는 기억이 반복됩니까?	0 1 2 3 4
2	그 사건에 대한 반복적이고 괴로운 꿈을 꿉니까?	0 1 2 3 4
3	갑자기 그 사건이 다시 일어나는 것 같은 느낌이 듭니까?	0 1 2 3 4
4	그 사건을 떠올리게 하는 것들을 접했을 때 매우 불편해집니까?	0 1 2 3 4
5	그 사건과 관련된 생각이나 감정을 피하려고 노력합니까?	0 1 2 3 4
6	그 사건과 관련된 외부적 단서(사람, 장소, 대화, 활동, 물건, 상황 등)를 피합니까?	0 1 2 3 4
7	그 사건의 중요한 부분을 기억하지 못합니까?	0 1 2 3 4
8	자신, 타인, 세상에 대해 강한 부정적 신념을 가지고 있습니까?	0 1 2 3 4
9	지속적으로 과도한 경계심을 느낍니까?	0 1 2 3 4
10	쉽게 놀라거나 과민 반응을 보입니까?	0 1 2 3 4

그렇다고
아무 데나 가지 마세요,
골라 가세요!

종합병원 정신과, 정신과 의원,

정신건강복지센터, 상담센터…

어디로 가야 할까?

한국에는 정신건강 서비스를 제공하는 다양한 기관들이 있다. 그런데 어떤 차이가 있는지, 내가 처한 상황에서는 어디를 가야 하는지 마땅한 정보를 구하기 쉽지 않다. 정신건강 관리기관은 크게 다음 네 가지로 나눠볼 수 있다. 바로 '종합병원의 정신과', '정신과 의원', '정신건강복지센터', 그리고 '상담센터'다.

종합병원 정신과

흔히 대학병원이라고도 부르는 큰 종합병원에는 대부분 정신과가 있다. 입원병동을 가지고 있는 곳도 있고 외래만 운영하는 곳도 있다. 이곳의 가장 큰 특징이자 장점은 복합적인 문제를 가지고 있는 경우, 협진을 통한 통합적인 치료가 가능하다는 점이다. 쉽게 말해서 중증환자의 치료에 특화돼 있다. 예를 들어, 간과 신장의 기능이 매우 나쁜 고령의 환자가 약물에 반응이 나쁜 불안증상 때문에 고생하고 있다고 생각해 보자. 이 경우 주기적으로 간과 신장 기능을 체크하며 약물 사용에 조심해야 하고, 약물에 대한 반응성도 나쁘기 때문에 증상이 심할 때는 단기 입원도 고려해 봐야 한다. 이런 환자는 종합병원에서 진료를 받으면서 내과 협진을 받는 것이 좋다. 뿐만 아니라 전기경련 치료처럼 대형병원의 특수 치료 장비를 이용해야 하는 경우도 종합병원을 가야 한다. 대학병원의 교수님들은 의료의 가장 최전선에서 최신 치료법을 도입하는 역할도 맡고 계신다. 자연히 임상시험 참여 기회나 새로운 의료 장비를 경험해 볼 수 있는 기회가 많은 편이다.

그러나 종합병원의 정신과는 접근성이 떨어진다는 단점이 있다. 정신과 치료는 정기적인 상담을 통해 의사와 신뢰 관계를 형성하고 내적 갈등을 돌아보는 것이 중요한데, 종합병원은 예약도 어렵고, 대기 시간도 굉장히 길다. 그런 점에서 종합병원은 치료의 마지노선으로 생각해야 한다. 1, 2차 병원에서 치료할 수 없는 환자들이 마지막으로 찾는 곳이라는 뜻이다. 워낙 고려할 것이 많은 환자들이 계속해서 쌓이는 의료 체계의 특성상 종합병원의 진료 시간은 내담자들이 느끼기엔 터무니없이 짧을 수밖에 없다. 또한 진료비가 비교적 비싸고, 장기간의 재활치료보다는 급성기 치료에 치우치는 경향이 있다. 증상이 아주 중해 종합병원을 찾았더라도 증세가 호전되면 의원급 병원에서 지속적으로 관리하는 것을 추천한다.

추천 대상

중증 정신질환이나, 복합적인 정신 및 신체질환을 가진 경우, 전문적이고 종합적인 치료가 필요한 경우, 오랫동안 의원이나 상담센터를 다녔는데도 치료가 안 되는 경우.

정신과 의원

정신과 의원은 우리가 흔히 동네 병원이라고 부르는 곳이다. 의원의 장점은 접근성이 좋고 개인화된 서비스를 받을 수 있다는 점이다. 정신과 치료에선 상담이 중요하다. 상담을 통해 내적 갈등을 해결하고 반복되는 고통에서 벗어나는 연습을 한다. 따라서 병원에 오기 쉽고 편해야 한다. 진료 간격이 너무 길어지면 대화의 연속성이 떨어져서 전에 무슨 이야기를 했는지, 중간에 나의 마음이 어땠는지 기억이 안 난다. 의원에서는 전문의와 자주 만나 전반적인 몸과 마음의 상태를 확인하면서, 개인의 감정, 생각하는 방식을 함께 찾아나가는 개별적인 치료가 가능하다. 여기에서 개별적인 치료는 치료의 목표를 의사와 내담자가 함께 정한다는 뜻이기도 하다.

종합병원은 급성기의 증상 즉, 병적 상태(ill-being)에 집중하고 그 외의 경우에는 신경을 못 쓰는 경우가 많다. 그러나 의원급에서는 그 이후의 상태 즉, 보통의 상태(normal-being), 행복한 상태(well-being)에 맞는 목표를 정하고 치료를 지속할 수 있다. 무엇보다 처방과 상담을 동시에 할 수 있어 빠르고 효율적인 치료가 가능하다는 장점이 있다.

다만 정신과 의원 역시 한 내담자와 지속적으로 긴 상담(50분

~1시간)을 진행하기는 쉽지 않다. 최근에는 긴 상담을 염두에 두고 스케줄을 관리하는 병원이 늘고 있지만, 하루에 소화해야 하는 내담자 수를 고려하면 진료 시간이 넉넉하지는 않은 편이다.

추천 대상

경증에서 중등도의 정신건강 문제를 가진 경우, 지속적인 관리가 필요한 경우, 편안한 환경에서 치료받기를 원하는 경우.

정신건강복지센터

정신건강복지센터는 국가나 지방자치단체에서 운영한다. 지역사회 중심의 서비스를 제공하는데 쉽게 말하자면 자신의 거주지에 해당하는 센터만 이용할 수 있다는 뜻이다. 센터의 목적은 의뢰인과 상담을 통해 개별적인 욕구를 파악하고 필요한 자원을 연계해 주는 것이다. 복지 영역의 서비스이기 때문에 저렴하거나 무료로 이용할 수 있고, 국가기관이기 때문에 행정적인 도움을 받을 수 있다는 큰 장점이 있다. 정신건강복지센터의 서비스를 크게 분류하면 하나는 '의료비 지원 사업', 다른 하나는 '사례 관리'다. 경제적으로 어려운 경우 센터에 할당된 예산 안에서 진료비 지원을 받을 수 있으니 의뢰해 보는 것이 좋다. 일반적으로 병원에서 진단을 받고 치료를 유지하고 있는 경우, 지원 자격이 맞으면 가능하다. 만약 지원 자격이 안 되는데 경제적으로 어렵다면 의료급여 신청까지 연계해서 도와주기도 한다. '사례관리'는 센터에 사례관리 회원으로 등록을 해 한 달에 한 번 정도 정기적인 상담을 진행하는 방식이다. 다만 제공하는 서비스가 센터마다 상이할 수 있기 때문에 직접 받을 수 있는 혜택을 알아봐야 한다. 일반적으로 중증 정신질환자의 재활이나 사회 복귀, 치매 내담자의 선별과 관리에 대한 서비스가 많은 편이고, 경증 내담자들을 위한 프로그램은 많지 않다. 또한 전문적인 치료에는 한계가 있을 수 있다. 센터는 치료가 아닌 관리와 필요한 서비스를 확인하고 안내하는 역할이 목표이기 때문이다.

추천 대상

경제적 여건이 어려운 사람, 정신건강에 관심이 있어 상담을 한번쯤 받아보고 싶지만 전문기관을 찾아가기는 부담스러운 경우, 재활 및 사회 복귀가 필요한 내담자.

상담센터

상담센터는 의료기관이 아니기 때문에 정신과적 진단 없이도 상담을 받을 수 있다는 것이 특징이다. 예를 들어, 직장 내 인간관계 문제로 고민하는 사람이 있다고 하자. 병원에 가기는 부담스럽고, 그렇다고 혼자 해결하기도 녹록지 않은 상황이다. 이런 경우 상담센터를 찾아 전문 상담사와 대화를 나누며 문제 해결의 실마리를 찾을 수 있다. 의료기관이 아니기 때문에 상대적으로 정신과적 낙인에 대한 부담이 적다는 것도 장점이다. 또한 상담센터는 특정 주제에 대한 전문성을 갖춘 곳이 많다. 부부 상담, 아동·청소년 상담, 진로 상담 등 각각의 영역에 특화된 센터들이 있어 자신의 고민에 더 적합한 곳을 선택할 수 있다.

다만 대부분의 상담센터는 의료보험이 적용되지 않아 비용 부담이 클 수 있다. 또한 상담센터는 의료기관이 아니라 허가가 필요 없으므로 아무나 개설할 수 있다. 표준화되지 않은, 검증되지 않은 서비스를 제공하는 곳들이 있을 수 있다는 뜻이다. 따라서 상담센터를 찾을 때는 나를 상담해 주는 사람이 인증된 심리 자격증을 가지고 있는지 확인하는 것이 필요하다.

상담가는 임상심리사와 심리상담사로 나뉜다. 임상심리사는 정신과 병원에서 1년이나 3년의 수련을 받는다. 때문에 심리검사, 중증의 내담자까지 상담하는 경우가 많다. 심리상담사는 병상에 있는 내담자보다 가벼운 증상부터 여러 일상적인 문제로 힘들어하는 일반인들을 대상으로 상담하는 경우가 많다. 상담은 자신의 가장 내밀하고 약한 부분을 드러내야 하므로 안전한 곳에서 받는 것이 중요하다. 유사한 이름으로 검증되지 않은 자격증도 많으니 꼭 잘 확인하자. 다음은 가장 공신력 있는 자격증들이다.

● **임상심리사**
- 한국임상심리학회의 공인된 임상심리전문가 자격증
- 보건복지부의 정신건강임상심리사 자격증

● **심리상담사**
- 한국상담심리학회 공인자격증
- 한국상담학회 자격증

추천 대상

일상적인 스트레스나 갈등으로 어려움을 겪는 사람, 자기 이해와 성장을 원하는 사람, 특정 생활 문제에 대한 도움이 필요한 사람.

나에게 맞는 기관 선택하기

결론적으로, 나의 상황과 필요에 가장 잘 맞는 기관을 선택하는 것이 중요하다. 증상의 심각도, 경제적 상황, 접근성을 고려해서 결정하자. 필요하다면 여러 기관을 병행하는 것도 좋은 방법이다. 실제로 의원에서 치료를 받으면서 상담센터를 동시에 다니는 경우도 많다. 오히려 자신의 방식만이 정답인 것처럼 다른 방법을 배제하는 곳은 피하는 게 좋다. 대학병원에서도 증상이 완화되면 의원에서 계속 치료받을 것을 권한다. 의원에서도 더 종합적인 검사나 치료가 필요한 사람은 대학병원으로 의뢰한다. 상담도 마찬가지다. 의원에서도 추가적인 상담이 필요하다는 판단이 서면 상담센터를 권하고, 상담센터에서도 의료적 개입이 필요하다고 판단하면 의원이나 병원 방문을 추천한다. 정신과 의사와 상담사 중 누가 더 상담을 잘하느냐는 질문도 의미가 없다. 개개인의 실력 차이도 있지만, 무엇보다 내담자와의 궁합도 저마다 다르기 때문이다. 그러니 고민만 하기보다 용기를 내어 어디든 방문해 보자.

나에게 맞는 의사를 찾는 법

1

피해야 할 것

사적인 자리에서 정신과 전문의라고 밝히면 진료를 받고 싶다는 이야기를 많이 듣는다. 정신과의 문턱을 넘어본 적은 없지만 도움이 필요하다고 느끼는 사람은 많다는 방증 아닐까. 다만 이런 경우 대부분 상대방을 위해 다른 의사에게 진료 보는 것을 추천한다. 그러면 상대방은 묻는다. 좋은 의사를 추천해 달라고. 좋은 의사는 어떻게 찾아야 할까.

나는 갑작스러운 청력의 상실로 진료를 받게 된 적이 있다. 주치의는 첫 진료에서 나의 눈을 한 번도 쳐다보지 않았다. 피곤한 얼굴로 검사 결과를 보며 앞으로의 치료 계획을 건조하게 읊었다. 나도 주치의의 친절함보다는 당장 스테로이드 주사를 맞을 수 있는지, 고압산소치료라는 특수한 치료를 받을 수 있는지가 훨씬 중요했다. 그래서 주치의의 친절함이라는 항목은 필요 목록에 올려두지도 않았다. 그저 원하는 치료를 모두 받을 수 있어서 만족했다. (알고 보니 감정 표현이 적으신 분이 안 좋은 소식을 전하는 것을 힘들어하셨던 것이었다.)

그럼에도 불구하고 약해져 있는 마음에 섭섭한 감정이 이는 것은 어쩔 수 없더라. 내가 병원의 생태계를, 의사들의 고단함을 누구보다 잘 알고 있는데도 말이다. 다른 과도 이런데 정신과는 오죽할까. 정신과는 독특하게 '상담'을 중요한 치료법으로 사용하는 과다. 꾸준히 시간을 함께하며 소통하는 것이 치료에 필수

적이다. 따라서 의사와의 궁합이 어느 과보다도 중요하다. 먼저
나와 잘 맞는 의사를 찾는 여정에서 피해야 할 것을 알아보자.

처음부터 대학병원에 가지 말자

우리나라는 3차 의료기관 즉, 대학병원을 포함한 종합병원의
의존도가 굉장히 높은 나라다. 3차 의료기관을 이용하기 위해서
는 1, 2차 병원에 내원해서 진료의뢰서를 받아야 하고 대기도 굉
장히 길다. 하지만 가장 최신의 좋은 진료를 받을 것이라는 기대
감으로 이 모든 것을 감수한다. 맞다. 대학병원의 교수님들은 의
료의 가장 최전선에서 일하시는 분들이다. 어려운 사례에 대한
경험도 풍부하고 최신 지견도 뛰어나다. 하지만 모든 내담자들
이 대학병원급의 치료 시설과 최신 지견을 필요로 하는 것은 아
니다.

정신과 치료는 상담이 중요하다. 상담을 통해 자신을 돌아보
며 내적 갈등을 해결하고 반복되는 고통에서 벗어나는 연습을
한다. 때문에 의사와 자주 만나서 많이 얘기하는 것이 중요하다.
신뢰 관계를 형성하기 위해서도 치료에 몰입하기 위해서도 그렇
다. 진료 간격이 너무 길어지면 전에 무슨 이야기를 했는지 잊기
쉽다. 또 그사이 너무 많은 일이 생기기 때문에 나의 마음이 어땠

는지 설명하는 것도 훨씬 어렵다. 자주 만나기 위해서는 가까워야 한다. 상담은 하고 싶은 말만 하게 되지 않는다. 떠올리면 마음이 흙탕물처럼 탁해지는 힘들고 고통스러운 이야기도 하게 된다. 이런 작업이 힘들어서 치료를 중단하고 싶을 때도 있다. 그런데 병원까지 멀다면? 치료를 중도 포기하기 쉬워진다. 헬스장도 집에서 가까운 곳을 최우선으로 두고 선택하는 것처럼 마음의 근육을 키우는 정신과도 가까운 곳에 잡고 자주 가는 것이 중요하다.

타이틀에 너무 많은 의미를 부여하지 말자

의사의 경험과 경력은 중요하다. 의사는 환자가 키운다는 말이 있다. 다양한 환자를 만나다 보면 치료 기술도 숙련되고 자신만의 임상데이터도 만들어진다. 대형병원이나 개인의원, 입원병원이나 외래전문병원 등 다양한 병원에서 일한 경험이 있는 의사는 여러 유형의 환자를 경험한다. 또한 어느 분야나 지속적으로 공부하는 사람이 발전한다. 의사도 그렇다. 특히 의학 공부는 끝이 없다. 때문에 학회 활동을 열심히 하거나, 전문가 과정을 추가로 공부하거나 논문을 내는 의사가 그 분야의 최신 지식을 알고 사용할 확률이 높다.

그러나 경력과 타이틀에 너무 많은 의미를 부여하지는 말자. 일반적으로 내담자들이 원하는 의사는 관심과 열의를 가지고 따뜻하게 진료하는 의사일 것이다. 화려한 경력이나 높은 학업적인 성취가 이를 보장해 주지는 않는다. 병원도 마케팅이 필요한 시대다. 환자 정보에 대한 비밀 보장의 의무가 있는 의사들은 치료 사례를 들어 홍보할 수 없다. 그래서 많이 사용하는 방법이 전문성을 드러내는 것이다. 여러 학회에 가입해서 정회원 자격을 획득하거나, 전문가 과정이나 워크숍을 이수했다는 경력으로 자신을 증명한다. 물론 멋진 일이다. 그러나 모든 과정이 다 똑같은 수련 기간이나 노력을 요하지는 않는다. 어떤 전문가 과정은 2년을 꼬박 수련해야 하는 반면 하루 만에 증서가 발급되는 경우도 있다. 즉, 경력 한 줄이 의사의 전문성과 진료의 질을 보장해 주는 것은 아니다. 구직을 할 때 이력서가 나를 다 증명해 줄 수 없다고 느낀 적이 있지 않나? 의사도 마찬가지다.

우리나라는 국민건강보험 체계 아래 의료서비스 가격을 정부가 결정한다. 따라서 사용할 수 있는 치료법이 표준화돼 있다. 쉽게 말해 가격이 고정돼 있어 약처방과 상담기법에서 대단히 큰 차이가 나기 어렵다는 뜻이다. (상담기법이 다른 정신분석이나 최면치료 같은 경우 비급여로 진행된다.) 다만 절박한 마음을 가진 내담자의 입장에서는 화려한 경력을 보면 기대감이 생기고 꼭 진료를 받고 싶어진다. 나도 경험해 봐서 안다. 하지만 타이틀로 인해 지나친 기대를 가지고 무리해서 찾아가는 일은 하지 말자. 내가 사랑하는 사람들에게 소개시켜 주는 정신과 선생님들은 경력이 화려하지도 유명하지도 않은 경우가 훨씬 많다.

의사의 정보를 너무 파헤치지 말자

정신과에 가기 불편한 마음은 정신과 의사가 어떤 사람인지 모르는 상황 때문에 생기기도 한다. 우리는 평가에 민감하다. 나의 말에 상대가 어떻게 반응할지 나를 어떻게 생각할지 걱정한다. 그러나 이걸 꼭 말해주고 싶다. 정신과 의사는 수련 과정에서 내담자의 이야기로 내담자를 평가하지 않도록 교육받는다. 내담자의 이야기를 통해 의사는 내담자의 생각하는 방식, 살아온 방식을 이해하고 처한 상황의 고통을 이해하려고 노력한다. 그 과정에서 내담자의 잘잘못은 중요한 것이 아니다. 의사는 치료하는 사람이지 형사가 아니기 때문이다. 의사는 기본적으로 내담자의 말을 믿는 존재다. 그러니 내가 잘못 평가받을까 봐 걱정하거나 두려워하지 않아도 된다. 그럼에도 이런 불안함을 느낀다면 치료자에게 진솔하게 그 마음을 전달하는 것도 좋다.

원래 관계에서 정보의 비대칭성이 생기면 정보가 부족한 쪽이 불편함을 느끼기 마련이다. 그러나 기억하자. 내담자는 의사에 대해서 모르면 모를수록 좋다. 여러 가지 이유가 있지만 가장 큰 이유는 내담자가 솔직한 마음을 자유롭게 표현할 수 있는 환경을 지키기 위해서다. 정신과에 오는 사람들의 경우 남의 눈치를 보고 자신의 마음을 억누르는 경우가 많다. 거기에 의사에 대한 정보까지 알게 되면 알게 모르게 눈치 레이더가 더 강력하게 작동한다.

취업 준비 과정에서 생긴 우울증 때문에 손가락 하나 까딱하지 못하는 L은 청소광인 엄마에게 매일 잔소리를 들었다. 처음에는 구직을 하면 다 해결될 거라고 스스로를 위로했지만 점점 스스로에 대한 믿음을 잃었다. 엄마 말대로 자기가 게을러서 우울증을 핑계 삼아 청소를 하지 않는다고 믿기 시작했다. 이런 L이 병원에 왔는데 의사가 웃으면서 자신을 청소광이라고 소개했다고 생각해 보자. L이 과연 자기가 청소를 하지 않아 엄마에게 매일 잔소리를 듣는다는 이야기를 할 수 있을까? 의식적으로 자신이 한심해 보일 것 같아 말하지 못할 수도 있고, 무의식적으로 의사에게 엄마가 겹쳐 보여 말하지 못할 수도 있다.

물론 상담을 하다 보면 의사의 경험을 적절히 공유하는 것이 필요할 때도 있다. 하지만 의사의 성향이나 가치관 같은 정보는 의도치 않게 내담자가 자유롭게 자신의 이야기를 하는 데 방해가 될 때가 많다. 내가 아는 선배 의사는 분석치료를 받으러 병원에 들어가면서 건물 이름에 자신의 주치의 이름이 들어가 있는 것을 보고 '이런 부자가 나를 어떻게 이해하겠어.'라는 생각이 들었다고 한다. 심지어 정신과 의사들도 자신의 치료자 정보에 영향을 받는다. 많은 정신과 의사들이 지인의 진료를 거절하고 다른 의사를 추천하는 이유도 여기에 있다.

나에게 맞는 의사를 찾는 법

2

지켜야 할 것

나에게 맞는 의사를 찾을 때 가장 중요한 자세는 마음을 여는 것이다. 자신의 가장 내밀한 이야기를 해야 하는 상황이 불안한 건 당연하다. 나 또한 정신분석을 받은 적이 있다. 나에 대해 더 잘 이해하고 싶어 스스로 선택해 돈과 시간을 들여 간 곳이었다. 그런데 두 번의 상담 이후 갑자기 연달아 예약을 취소해야 하는 사정이 생겼다. 분석가는 그것이 치료에 대한 저항일 수 있겠다고 설명했다. 당시에는 억울했다. 하지만 돌이켜 생각해 보니 상담을 우선순위에 두지 않은 게 맞았다. 상담을 우선순위에 두었다면 일이 생겼을 때 상담을 취소하는 게 아니라 그 일을 다른 방식으로 해결했을 것이었기 때문이다. 이렇게 모든 치료에는 저항이 생긴다. 그러니 저항이 생길 수 있다는 점을 인정하고, 그런 상황이 오더라도 치료를 지속할 수 있도록 치료를 우선순위에 두자.

진료에 마음과 시간을 충분히 허락하자

지나친 기대도 마음을 여는 데 장애물이 될 수 있다. 모든 내담자들은 치료에 대한 어느 정도의 기대를 가지기 마련이다. 문제는 의사에 대한 과도한 기대로 시작한 진료는 기대가 깨지면 중단될 가능성이 높다는 것이다. 치료에 대한 의지나 희망이 함께 깨지기 때문이다. 기대가 크면 실망이 크다는 것은 치료에서도 마찬가지다. 자신이 미리 상상해 놓은 장면으로 인해 치료 경험을 있는 그대로 받아들이지 못하고, 실패한 경험이라고 판단하는 것이다.

이보다 더 안타까운 사례도 있다. 바로 마음에 방어막을 치고 오는 경우다. 마치 점집에 온 양 팔짱을 끼고 아무 말도 하지 않은 채 다 맞춰보라는 태도로 일관하기도 한다. 물론 이런 경우는 대개 스스로 오기보다는 다른 가족이나 병원의 권유로 오는 사람들이 많다. 아직 정신과에 대한 부정적인 감정이 남아있어 방어적인 태도를 취하는 것이다. (그럼에도 불구하고 안 오는 것보다 훨씬 고맙다.) 더러는 다른 병원에서 상처를 받았거나, 자신이 정상임을 확인받으려는 마음으로 오는 경우도 있다. 이유가 무엇이든 마음이 닫혀있는 것은 마찬가지다. 이런 태도로 치료에 들어가면 치료 진도는 더디 나갈 수밖에 없다.

마음을 열자. 그리고 적어도 한 달에 4~5번 정도는 의사와 충분히 시간을 보내보자. 처음에 실망했던 단점이 치료 중에 장점으로 다가오는 경우도 적지 않다. 상담 초반에는 열심히 자기 이야기를 했는데 의사가 별말을 하지 않아서 실망할 수 있다. 하지만 이내 자신의 이야기를 하는 과정에서 나의 진짜 속마음을 발견하고 결국 선택은 나의 몫이라는 것을 온몸으로 경험하게 될 것이다. 경험이 많은 나이 지긋한 선생님의 깊은 편안함을 기대했는데 의사가 젊다면 불안할 수도 있다. 그러나 젊은 의사의 에너지와 열정, 같은 문화를 공유한다는 일체감 덕분에 만족도가 높은 경우도 많으니 섣불리 판단하지 말자.

모든 관계가 마찬가지겠지만 의사가 나와 잘 맞는지 확인하기 위해서는 직접 만나보는 수밖에 없다. 처음 애인을 사귈 때도 머리로 생각한 이상형과 실제로 끌리는 사람이 다를 때가 많지 않은가. 경험해 보기 전에는 자신이 상대방의 무엇을 중요하게 생각하고 편안하게 느끼는지 잘 모른다. 사람을 만나면서 나를 알게 되고 결국 나에게 잘 맞는 사람이 누구인지 알게 된다. 이런 과정은 시간이 절대적으로 필요하다. 진료실 안에서의 관계도 그렇다. 다양한 스타일의 의사가 존재하는 것은 내담자가 다양한 것만큼 당연하고 또 다행스러운 일이다. 가장 우려하는 상황은 한두 번의 진료만 보고 진료가 마음에 들지 않는다며 계속해서 병원을 옮겨 다니다 치료를 포기하는 것이다. 그렇다고 진료가 만족스럽지 않은데 계속 다니는 것 또한 고역스러운 일일 수 있다. 이럴 땐 어떻게 하면 좋을까?

무엇보다, 솔직하자

진료가 만족스럽지 않을 때 가장 좋은 방법은 자신이 어떤 지점에서 실망했는지를 돌아보는 것이다. 그리고 그 마음을 의사에게 전달하는 것이다. 첫 진료에 전달할 수도 있고 집에 돌아가서 생각해 보고 다음 진료에서 이야기할 수도 있다. 솔직한 대화로 의사는 내담자가 진료에 어떤 기대를 가지고 있는지 어떤 마음 상태인지 더 잘 알 수 있다. 물론 이런 이야기까지 해야 하나, 고민되고 껄끄러울 수 있다. 그렇지만 부정적인 마음을 전달하는 것이 치료자와의 싸움을 의미하지는 않는다. 오히려 이 일을 계기로 치료의 효과가 배가될 수 있다. 담담하게 자신이 어떤 것을 느꼈고 어떤 생각을 했는지 전달해 보자. 이 과정에서 혹시 의사가 당황하더라도 놀라지 말자. 처음에는 놀랄지언정 의사는 내담자의 솔직한 이야기가 고맙다. 혹시 내담자의 기대가 너무 과하거나 시기적으로 이르다면 의사 역시 솔직하게 설명해 줄 것이다. 또는 부족한 부분이 있다면 보완하며 치료 관계가 더 단단해질 것이다.

상담 중에 의사의 비위를 잘 맞추려고 노력하다 오히려 마음을 왜곡하거나 포장하여 말하는 경우도 있다. 이런 모습은 사람을 너무 좋아하고 칭찬받고 싶은 욕구가 강한 사람들에게서 종종 발견된다. 자신도 모르게 무의식적으로 이렇게 행동하기도 하지만 스스로 알아채는 사람들도 있다. 그럴 땐 내가 왜 돈을 내가면서까지 나를 포장해야 하나, 자괴감이 들기도 한다. 이런 마음을 발견했을 때도 솔직하게 치료자에게 이야기해 보자. 민망할 것 없다. 오히려 솔직한 대화가 계기가 돼 이후에는 자신의 마음을 털어놓는 게 편안하고 쉬워질 수 있다.

노력해 보고 아니다 싶으면 새로운 의사를 찾아보자

앞서 말한 내용은 모두 일반적이고 상식적인 진료를 전제한 것이다. 슬프지만 세상에는 상처를 주는 의사도 분명히 존재한다. 노파심에 이야기하자면 혹시나 의사가 첫 만남에서 반말을 하면서 빈정댄다거나, 모욕적인 언사 같은 비상식적인 행동을 했다면 그 병원은 가지 말자. 의사에게 마음을 열고 시간을 충분히 가지는 것은 당신이 다치지 않는 상식적인 환경에서 해야 한다. 또한 사적인 관계로 발전시키려는 모습을 보인다면 도망쳐라. 내담자가 의사에게 사랑의 감정을 품을 수는 있어도, 의사가 내담자와의 관계를 사적으로 발전시키는 것은 의료 윤리에 어긋난다. 앞서 말했듯이 의사와 내담자 사이에는 정보의 불평등이 존재한다. 이것이 필요한 이유는 치료를 위해서다. 이 상황을 사적으로 이용하는 것은 위험하고 이기적인 행동이다.

범죄에 가까운 상황은 아니더라도 내담자가 치료 과정에서 고통을 받는 경우가 있다. 대부분 의사소통의 방식에서 비롯되는 문제다. 이를 잘 알아볼 수 있는 방법은 질문을 하는 것이다. 의사도 내담자에게 질문하지만 내담자도 질문을 해야 한다. 이때 의사에 대한 질문이 아니라 온전히 자신에게 집중한 질문을 하자. 예를 들어, 내가 복용해야 하는 약이 어떤 약인지 알아야 안심이 된다면 적극적으로 물어보자. 지금 자신이 어떤 상태인지 궁금하다면, 물어보자. 전문가의 저주라는 말이 있다. 전문가들은 자신의 지식에 너무 익숙해서 자신이 알고 있는 것을 남도 알고 있을 것이라고 착각한다. 그러니 설명이 부족하다고 느낀다면 궁금증이 풀릴 때까지 물어보자. 그리고 의사의 반응을 살피자. 의사가 당신의 질문을 진지하게 받아들이는지, 질문에 맞는 대답을 하는지 확인하자. 이러한 과정을 반복하면 내담자는 의사를 신뢰할 수 있게 되고 의사도 내담자의 적극적인 태도를 신뢰하게 된다. 만약 질문을 했는데 대답을 안 해준다면? 새로운 의사를 찾아보자.

의사—내담자의 관계도 궁합이다. 남녀관계든 친구관계든 서로 나쁜 사람이 아닌데도 아무리 노력해도 인연으로 이어지지 않는 경우가 있다. 의사—내담자 관계도 마찬가지다. 앞서 말한 대로 마음을 열고 시간을 들였음에도 마음이 편하지 않거나 다른 의사를 만나보고 싶다면 변화를 주는 것도 방법이다. (다만 이런 일이 너무 빈번하게 반복된다면 한번쯤 스스로에게 원인이 있는 건 아닌지 고민해 볼 필요가 있다.) 의사들도 각자의 스타일이 있다. 약을 선호하는 의사가 있고 상담을 선호하는 의사가 있다. 젊은 내담자와 궁합이 더 좋은 의사도 있고 손윗사람을 진료할 때 더 편한 의사도 있다. 내담자도 잘 맞는 의사가 있지만 의사도 잘 맞는 내담자가 있다.

처음 진료를 볼 때 나는 좋은 의사란 내담자의 상태에 따라 자유자재로 진료 스타일을 바꿀 수 있는 사람이라고 생각했다. 물론 상대에 따라 어느 정도 진료 방식에 차이가 날 순 있지만, 의사가 가진 기본적인 진료 스타일을 바꾸는 것은 어려운 일이었다. 진료가 끝나면 바로 이어서 다른 사람이 들어오는데 연극하듯이 자신을 바꿀 수 없을뿐더러, 말 그대로 연기하듯이 진료를 하면 치료적 측면에서도 바람직하지 않기 때문이다. 오히려 자신의 진료 스타일을 잘 이해하고 유지해야 최선의 진료를 안정적으로 제공할 수 있었다. 좋은 의사를 만나는 건 어쩌면 선을 보는 것과 비슷한 것 같다. 오랜 기간 동반자가 돼줄 존재를 만나는 일이니 여러 번의 기회가 필요할 수 있다. 내 이야기를 편안하고 자유롭게 털어놓을 수 있는, 나와 잘 맞는 의사를 찾는 당신의 여정에 행운이 깃들길 바란다.

첫 방문 시
일어나는 일들

일반적인 정신과 외래 첫 진료(초진)의 과정은 다음과 같다.

접수 및 대기 ⇨ 초진 심리검사 ⇨ 진료 ⇨ 약물 처방 및 예약

1) 주요 증상 및 치료 목적
   확인을 위한 병력 청취

2) 치료 방법, 방문 간격 등
   치료 계획 설정

3) 필요 시 원인 감별을 위한
   추가 검사

1

접수 및 대기

　병원은 당일 접수를 받는 곳과 예약 접수를 받는 곳으로 나뉜다. 당일 접수는 내담자가 병원에 오는 순서대로 진료를 보는 방식이다. 예약 접수는 하루에 진료할 사람의 수를 정해놓고 시간대별로 예약된 내담자의 진료를 보는 방식이다. 예약 접수 방식

으로 운영하는 병원일지라도 예약된 사람이 없다면 당일 접수를 받을 수도 있다.

당일 접수는 언제든지 가서 진료를 볼 수 있다는 장점이 있지만 대기인원이 많을 경우 진료 시간을 확보하기 어려울 수 있다. 예약 진료를 하는 병원들은 특히 첫 진료를 위해서는 시간을 넉넉하게 비워두는 편이다. 급하게 진료를 받아야 하거나, 자신의 스케줄이 일정하지 않아 예약을 잡는 것이 어렵다면 당일에 접수하는 병원을, 규칙적으로 여유 있게 진료를 보고 싶다면 예약 접수 병원에 가는 것이 유리하다.

병원에 가는 것이 신경 쓰이는 이유 중 하나는 대기실에서 다른 사람들과 마주치게 되고, 그중 혹시 아는 사람이 있을까 걱정돼서일 것이다. 아직도 정신과에 다니는 것을 숨겨야 한다고 생각하는 사람들이 많으니 이해한다. 얼굴이 노출되기 싫으면 선글라스나 모자, 마스크를 쓰고 있어도 되니 걱정하지 말자. 실제 많은 유명인들이 정신과를 찾을 때 마스크와 선글라스를 착용하고 방문한다. 병원을 찾는 사람들이 편안함을 느낄 수 있도록 많은 의원들이 인테리어에도 공을 들이는 분위기니, 진료가 필요하다는 판단이 섰다면 망설이지 말고 가까운 병원을 찾아가 문을 두드려 보자.

2

초진 심리검사

정신과 초진 검사의 목적은 다양하다. 가장 중요한 목적은 내담자의 증상과 상태를 종합적으로 평가하여 정확한 진단을 내리고, 내담자에게 적합한 맞춤형 치료 계획을 세우는 것이다. 자해나 자살 위험 등을 평가해 즉각적인 개입이 필요한지 판단하는 것도 중요한 목적 중 하나다. 초기 상태의 정확한 평가는 치료 과정에서 증상의 호전 정도를 객관적으로 평가하는 기준점이 된다. 검사 과정은 내담자 스스로 자신의 상태가 어떠한지 이해하는 계기가 되기도 한다. 검사를 하면서 증상인지도 몰랐던 증상을 발견하고 언어화할 수 있기 때문이다. 실행하는 검사는 병원마다 조금씩 다를 수 있다. 또한 법적, 행정적 목적으로 정신과에 내원한 경우 임상심리사를 통한 '종합심리검사'가 필요할 수 있다.

정형외과에 가면 X-ray를 반드시 찍는 것처럼 정신과는 심리검사가 필요하다. 초진 검사는 당신에 대한 정보가 하나도 없는 상태에서 가장 빠르고 쉽게 당신의 마음 상태를 체크하는 장치다. 물론 검사에 대한 피로도 이해한다. 검사 결과가 이상하게 나올까 봐 두려움을 가질 수도 있다. 그러나 정신과는 다른 과와는 다르게 내담자의 '능동성'이 굉장히 중요하다. X-ray 같은 검사는 가만히 있으면 알아서 검사가 완료되지만 정신과는 모든 단계에서 당신의 적극적인 참여가 반드시 필요하다. (그래서 정신과 진료가 다른 과보다 허들이 높은 것인지도 모른다.) 나의 상태를 개선하는 첫걸음이 검사라고 생각하고 임해보자.

상담 진료

첫 방문의 첫 상담을 초진 상담이라고 한다. 대체로 30~50분 정도 소요된다. 주로 "어떤 점이 힘드시거나 도움을 받고 싶어서 오셨나요?"라는 질문을 시작으로 내담자의 증상, 치료 목적을 확인하기 위한 병력 청취를 한다. 이 과정에서 증상의 지속 기간, 과거에 치료를 받았거나 비슷한 증상이 있었는지 여부, 가족력, 현재의 생활환경과 스트레스 요인 등을 포괄적으로 확인한다.

병력 청취에서 얻은 정보를 통해 의사는 잠정적인 진단을 내리고 치료 계획을 세운다. 여기에서 '잠정적'은 가능성이 있는 진단들을 말한다. 치료 계획을 세울 때는 진단도 중요하지만 내담자의 기대치도 매우 중요하다. 내담자가 가장 힘들어하는 증상은 무엇인지(핵심 증상), 치료에 대해 어떤 기대를 가지고 있는지를 확인해 내원의 목적을 확실히 짚는 것이 도움이 된다. 핵심 증상을 먼저 조절하고, 치료에 대한 적절한 기대가 설정됐을 때 치료 몰입도와 효과가 높아지기 때문이다. 예를 들어 1~2주 약을 먹으면 감기처럼 우울증상이 사라질 것이라는 과도한 기대를 가지고 있는 경우, 조기에 실망해 치료를 포기하기 쉽다. 초반부터 자신의 기대를 공유하고, 의사에게 현실적인 정보를 제공받아 함께 실현 가능한 목표를 세우는 것이 좋다.

약물은 첫날부터 사용할 수도 있고 충분한 관찰 후 사용할 수도 있다. 약물치료가 필요한 경우 용법이나 효과, 부작용에 대한 설명이 이루어진다.

방문 간격은 어느 정도가 좋을지도 상의하게 되는데, 첫 방문 이후에는 보통 1~2주 간격으로 외래 일정을 잡는다. 이 시기에는 증상을 집중적으로 관찰한다. 또 약물의 효과와 부작용을 확인하고 용량을 조절하며 적극적인 심리치료를 통해 증상을 조절한다. 치료 반응에 따라 점차 방문 간격을 늘리게 되며, 증상이 충분히 호전되면 유지치료 단계로 들어간다. 방문 간격은 보통 약물을 변경하거나, 특정 주제에 대한 심도 있는 상담이 필요하거나, 변화나 스트레스가 있을 때는 1~2주, 안정적인 상태에서 특별한 변화가 없거나 내담자가 너무 바쁜 경우는 3~4주 정도로 잡는다.

마지막으로, 필요한 경우 원인 감별을 위한 추가 검사를 제안

할 수 있다. 추가 검사에는 심리검사, 신체검사, 혈액검사, 때로는 뇌 영상 검사 등이 포함된다. 이러한 검사들은 더 정확한 진단과 적절한 치료를 위해 필요하다. 예를 들어, 갑상선 기능 항진증은 불안, 초조, 불면증, 집중력 저하 등의 증상을 유발할 수 있어 불안장애나 ADHD와 유사한 양상을 보일 수 있다. 반대로 갑상선 기능 저하증은 우울감, 피로, 무기력, 인지 기능 저하 등을 일으켜 우울증이나 인지장애로 오인될 수 있다. 이 경우 혈액을 이용한 갑상선 검사를 먼저 시행해 불필요한 약물치료를 피할 수 있다. 추가적인 검사들은 당일 진행하거나 추후 별도의 일정을 잡아 진행하기도 한다. 또는 다른 병원에서 검사를 받은 뒤 다시 방문해 달라고 권고하기도 한다.

약물 처방 및 예약

다른 과들과 다르게 정신과는 병원 안에서 약물 조제가 가능하다. 이를 원내처방이라고 한다. 원내처방이 가능한 병원이라면 약을 직접 타 가면 된다. 최근 들어 약에 대한 재고 관리에 드는 인력을 진료에 더 투입하기 위해 원외처방을 하는 외래 병원이 늘고 있다. 이럴 경우 다른 과와 마찬가지로 처방전을 가지고 약국에서 약을 타면 된다. 혹시나 정신과 약을 타는 것이 신경 쓰인다면, 병원이나 약국에 약물 이름이나 병원 이름이 나오지 않게 해달라고 부탁하는 것도 방법이다.

심리검사,

꼭 해야 할까?

정신질환은 다른 과처럼 피를 뽑거나 X-ray 사진을 찍는다고 바로 병명을 확인할 수 없다. 정신은 만질 수가 없다. 대부분의 정신질환은 여러 증상의 조합으로 진단되며, 이는 혈당이나 혈압 같은 하나의 생물학적 표지자로 확인하기 어렵다. 유전자검사나 뇌파검사 같은 생물학적 검사가 있기는 하지만, 이들은 주로 연구 목적으로 사용되거나 특정 질환의 진단에 제한적으로 활용된다. 때문에 정신과에서는 객관적인 치료의 도구로 '심리검사'를 사용한다.

심리검사는 왜 필요할까? 먼저 심리검사는 마음의 상태를 객관적으로 평가해 정확한 진단을 내리는 데 도움을 준다. 연구에 따르면 표준화된 심리검사의 사용은 진단의 정확도를 평균 30% 이상 향상시킨다. 우리의 마음은 생각보다 복잡하다. 스스로도 잘 모를 때가 많다. 힘들다고 느끼지만 정확히 어떻게 힘든지 설명하기 어려울 때가 있다. 자신의 상태를 정확히 인식하고 표현하는 것은 쉽지 않은 일이다. 검사는 이렇게 스스로 설명해 내기 힘든 심리 문제를 발견하는 데 도움을 준다. 그러다 보면 미처 몰랐던 문제가 발견되기도 한다. 우울로 방문했으나 검사 결과 불안이 더 큰 경우가 그것이다. 실제로 우울증 내담자의 약 50%는 불안장애를 같이 겪고 있다고 한다. 이런 공존 질환은 종종 내담자 스스로도 인식하기 어려워, 전문적인 심리검사를 통해 발견되는 사례가 많다. 다시 말해 당신이 외면하고 있던 당신의 마음까지 검사가 손 내밀어 확인해 줄 수 있다. 확인이 돼야 진료실에서 다룰 수 있다. 번거롭지만 반드시 필요한 과정이다.

또한 심리검사는 객관적인 숫자로 표시되는 자료다. 증상의 심각도를 수치화할 수 있어 치료의 긴급도를 평가하고 치료 계획을 세우는 데 도움이 된다. 검사는 처음 한 번만 하는 것이 아니다. 오히려 꾸준히 반복해서 검사했을 때 생기는 수치들의 변화가 더 중요한 경우가 많다. 증상이 어떤 차도를 보이는지를 파악해 치료의 효과를 확인하는 것이다. 이를 통해 치료 방법을 바꿀지 계속할지를 결정한다. 말하자면 정신과에서 심리검사는 타과의 혈액검사나 영상검사와 같다. 뼈가 부러졌을 때 X-ray를 촬영하며 치료 경과를 확인하듯이 정신과는 심리검사를 통해서 마음의 자리를 확인한다.

간혹 검사 자체를 귀찮게 여기고 결과도 믿지 못하겠다는 내담자도 있다. 이는 내담자 스스로 답변해서 결과가 나오는 자가보고 검사의 특징이다. 내가 내 마음을 믿을 수가 없으니 결과도 잘못되었을 것이라고 생각하는 것이다. 일리가 있다. 사람들은 종종 자신의 상태를 과대 또는 과소평가하거나, 사회적으로 바람직한 방향으로 답변을 왜곡할 수 있기 때문이다. 그래서 검사를 여러 번 하는 것이 더 중요하다. 한 번만 검사하면 오류가 있을 수 있지만 답변의 경향성을 확인하면 중요한 자료가 된다. 사진에 비유하자면 심리검사는 단순한 '스냅샷'이 아닌, 시간에 따른 '포트폴리오'다.

마지막으로 의사들은 단순히 심리검사 점수만 보고 치료 계획을 세우지 않는다. 같은 검사의 같은 점수라도 세부 항목에 따라서 내담자의 상태를 다르게 판단할 수 있다. 예를 들어, 우울증 내담자 A, B가 우울의 심각도를 평가하는 벡 우울척도에서 25점 동점을 받았다고 생각해 보자. 25점의 총점은 중등도 우울을 시사한다. 하지만 세부 항목을 살펴보니 A는 불면, 피로, 식욕 저하 같은 신체적 증상 문항에서 높은 점수를 받았고, B는 자살사고, 죄책감 같은 인지 증상에 관한 문항에서 높은 점수를 받았다. 이럴 경우 A와 B에게는 다른 치료 접근이 필요하다.

세부 항목 점수의 변동도 중요하게 체크하는 점이다. 예를 들어, 검사의 총점은 크게 변하지 않았지만 특정 항목의 점수가 급격히 변했다면, 이는 중요한 의미를 가질 수 있다. 가령 치료 시작 후 전반적인 기분과 관련된 항목 점수는 개선되었지만, 대인관계 문제와 관련된 항목 점수가 높아졌다면, 이는 내담자의 사회적 상황에 변화가 있었음을 보여준다. 이 경우 내담자의 최근 생활 사건을 재검토하고, 대인관계를 주제로 상담을 고려할 수 있다.

또한 내담자가 자신의 증상을 설명하는 방식과 점수를 비교하면서 일치하는지 차이가 나는지 확인한다. 객관적 데이터와 주관적 관찰을 종합하여 내담자의 상태를 평가하는 것이다. 만약 우울 점수가 굉장히 높은데 밝은 표정으로 상담을 한다면 두 가지 경우를 생각해 볼 수 있다. 겉으로 우울을 숨기는 데 능숙한 가면 우울증이거나, 실제로 자신의 상태보다 습관적으로 현상을 우울하다고 생각하는 인지 왜곡이다.

심리검사는 단순히 진단을 위한 도구가 아니라 치료 과정 전반에 걸쳐 내담자의 상태를 모니터링하고, 치료 방향을 조정하는 데 중요한 역할을 한다. 연구에 따르면, 정기적인 심리검사를 통한 피드백을 받은 환자군이 그렇지 않은 쪽에 비해 약 25% 높은 치료 성공률을 보였다.

정리하자면 심리검사는 정신과 진료에서 필수적인 도구다. 단순한 수치의 나열이 아니라, 복잡한 내면세계를 이해하기 위한 보조 장치다. 의사와 내담자가 함께 이 결과를 해석하고 논의하는 과정을 통해, 더 효과적이고 개인화된 치료 계획을 수립할 수 있다.

첫 방문,

무엇을 어떻게

이야기해야 할까?

첫 상담에 정해진 규칙은 없다. 어차피 첫날 당신의 모든 마음과 상황을 다 아는 것은 불가능하다. 내담자도 첫날 모든 걸 다 말해야 한다는 부담을 가지면 긴장하게 된다. 앞으로 천천히 더 많은 이야기를 나누게 될 테니 자신이 편한 만큼 이야기하면 된다. 다만 첫 상담은 치료의 큰 방향을 잡는다는 목적이 있다. 때문에 의사가 집중해서 질문하는 내용들이 몇 가지 있긴 하다.

첫 번째는 '내원의 이유'다. 여기에는 경험하고 있는 불편한 증상뿐 아니라 진단서 발급 같은 행정적인 이유도 포함된다. 가장 중요한 건 증상이다. 증상이 언제 시작됐는지, 어떤 상황에서 더 심해지는지, 극복하기 위해 어떤 노력을 했는지, 효과가 있었는지, 증상이 점점 심해지고 있는지를 확인한다. 특히 우울감을 가지고 있다면 자해나 자살 생각과 관련해서 자세한 질문을 받을 것이다. 자살 생각이 들었는지, 구체적인 계획을 세웠는지, 시도해 본 적은 없는지를 묻는다.

두 번째는 '일상생활 패턴과 건강 상태'다. 마음이 아프면 몸이 아프기도 하고 통증에 예민해지거나 지독한 피로감을 호소하기도 한다. 몸의 증상이 마음을 대변해 줄 때도 많다. 또한 일상생활의 패턴을 바로잡는 것은 치료에 매우 중요하다. 몇 시에 잠들어서 몇 시에 일어나는지, 중간에 깨진 않는지 등의 수면 패턴, 식사는 하루에 몇 번 하고 언제쯤 어떻게 먹는지 등의 식사 패턴,

하루를 어떻게 보내는지 등 행동 패턴을 확인한다. 음주나 흡연 여부도 중요한 정보다.

세 번째는 '병력(과거력)'이다. 병력에는 정신과뿐 아니라 다른 과 진료를 받았는지도 들어간다. 정신과에 다닌 경험이 있다면 어떤 증상으로 언제, 얼마나 오래 방문했는지, 약은 어떤 것을 복용했는지, 어떤 변화가 있었는지, 중단했다면 이유는 무엇인지를 확인한다. 처방받았던 약이 있다면 처방전을 준비하거나 약을 확인해 놓는 게 굉장히 도움이 된다. 다른 과에 대해서도 수술을 하진 않았는지, 진단받은 질병이 있는지, 지금도 약을 먹고 있는지를 확인한다. 다이어트약, 건강보조제, 한약을 먹는 경우 이야기하는 것이 좋다. '가족의 병력(가족력)'도 중요하다. 가족들 중에서 정신과 치료를 받고 있는 사람이 있는지, 다른 과 치료를 받은 사람이 있는지 확인한다.

네 번째는 '가족관계'다. 부모님은 어떤 분이신지, 부모님과 관계는 어떤지, 형제관계는 어떻게 되는지, 어린 시절 기억은 어떤지, 가정형편은 어떤지가 여기에 속한다. 가족관계는 성장 환경에 대한 많은 정보를 제공한다. 가족은 트라우마를 입힌 주범이 되기도 하고 중요한 지지체계가 돼주기도 한다. 간혹 가족에 대해 이야기하면서 가족을 욕한다는 생각에 힘들어하는 경우가 있다. 또는 상처받았던 기억을 되짚는 것이 힘들어 거부감을 보이기도 한다. 가족관계가 화목했든 그렇지 않았든 정답은 없다. 평가하려는 것이 아니다. 다만 가족은 가치관 같은 인지체계가 형성될 때 가장 많은 영향을 미치며, 대인관계의 패턴이 최초로 만들어지는 곳이다. 당신을 이해하는 중요한 단서가 될 수밖에 없다. 실제 많은 내담자들이 가족 이야기를 하다 해결의 실마리를 찾는다.

마지막은 '개인을 구성하는 모든 요소'다. 성격, 친구관계, 사랑, 직업, 학력, 학창 시절, 트라우마, 가치관, 종교, 콤플렉스, 취미, 스트레스 대처법 등이다. 힘들 때 털어놓을 사람이 있는지, 혼자 고민하는 편인지, 화가 날 때 어떻게 푸는지, 회사생활은 어떤지 등을 묻는다.

말이 힘들 땐 글로 적어보자

당연히 이 많은 정보를 하루에 다 얘기할 수는 없다. 일반적으로 각 항목을 대략적으로 확인하고 디테일한 정보는 이후에 나눈다. 대화 도중 중요하다고 느끼는 주제가 있다면 그 부분에 대해 집중적으로 얘기하기도 한다. "이렇게나 말할 게 많아?" 하고 겁먹기보다는 의사가 이렇게나 당신에게 관심이 많다고 생각하자. 의사가 질문을 통해 대화의 방향을 안내할 테니 솔직해질 용기만 준비하면 된다. 질문이 많다고 느낄 수도 있다. 진료를 볼 때 의사는 심리검사 결과, 내담자의 태도, 얼굴 표정, 자세에 모두 신경 쓴다. 그러나 역시 상담에서 가장 중요한 재료는 말이다. 막연히 느끼고 있는 내면의 어려움을 말로 표현하는 것은 쉽지 않다. 그래서 의사는 질문으로 내담자가 자신의 증상, 감정, 생각을 정확하게 표현할 수 있도록 돕는다.

정신과 진료는 치료자와 내담자가 함께 내담자의 서사를 짚어나가면서 재구성하는 작업이다. 사람의 기억은 사실로만 이루어져 있지 않다. 해석과 감정이 얽혀 나름대로 각색된 이야기가 기억이다. 이때 의사는 "이 사건을 다른 시각에서 볼 수 있을까요?" "그때의 감정을 더 자세히 묘사해 볼 수 있나요?" 같은 질문을 한다. 내담자는 어쩔 수 없이 새로운 방향에서 사건을 다시 본다. 때로는 희미했던 기억이 선명해지고, 때로는 굳게 믿었던 '사실'이 다르게 보인다. 결국 질문을 통해 내담자는 자신의 삶을 새롭게 바라보고 재구성한다. 이렇게 재구성된 서사는 내담자가 현재와 미래를 바라보는 새로운 렌즈가 돼준다.

그럼에도 불구하고 진료실에서 무슨 말을 해야 할지 몰라 불안하다면 도움이 될만한 방법이 있다. 먼저 위에서 말한 항목들 중 지금 가장 이야기하고 싶은 내용을 추려서 적어보자. 글로 쓰면 자신의 상태를 좀 더 명료하게 파악할 수 있다. 이미 글로 정리한 내용을 말로 풀면 좀 더 편안해지는 효과가 있지만, 여차하면 가지고 가서 그대로 읽어도 좋다. 또는 당신의 주치의로부터 듣고 싶은 답이 있을 수도 있다. 그럴 때는 궁금한 점을 미리 정리해서 질문 리스트를 만드는 것도 도움이 된다. 머릿속의 혼란을 종이에 적고 그 종이를 들고 내원하면 불안감이 조금 줄어들 것이다.

진료실, 어떠한 이야기도 허용되는 곳

가끔 정신과 의사는 상대가 거짓말로 증상을 꾸며내도 알아차릴 수 있냐는 질문을 받는다. 정신병이 있다고 꾸며내 감형을 받는 등 이득을 보려는 사람들이 있기 때문일 수도 있겠지만, 이런 질문에는 정신과 의사가 자신의 마음을 꿰뚫고 평가할 것이라는 불안이 내포돼 있다. 그러나 이런 질문은 기본 전제부터 틀렸다. 정신과 의사는 상대의 말을 평가하지 않는다. 형사가 아니기 때문에 의심하면서 청취하지 않는다. 정신과 의사는 상대의 마음을 오롯이 이해하려는 존재다. 기본적으로 상대의 말이 그 사람에게는 사실이라고 믿으며 치료를 시작한다. 모순이 보이면 그것이 무엇을 의미하는지를 고민하지 틀렸다고 엄포를 놓지 않는다. 조금 과장해서 말하면 내담자의 말이 사실이든 아니든 중요하지 않다. 그것이 상대의 세계라는 것을 인정하고 그 세계를 뒤따라가며 함께 탐색하는 것이 정신과 의사다. 그러니 말을 조리 있게 못할 것 같다고, 의사가 자신을 이상하게 볼 것 같다고 겁먹을 필요가 없다.

가끔 증상을 솔직하게 말하면 약을 많이 처방해 줄까 두려워 증상을 줄여 말하는 경우도 있다. 하지만 당신이 말하지 않는다고 해서 당신의 증상이 없어지는 것은 아니다. 당신의 어려움이 없어지는 것도 아니다. 이왕 마음먹은 거 조금만 더 용기를 내자. 말을 하는 것만으로도 마음이 후련해지기도 한다.(전문용어로 '환기'라고 한다.) 무엇보다 치료를 결심한 이상, 나를 힘들게 하는 증상에서 벗어날 수 있도록 노력하는 게 가장 값진 선택 아닐까.

다시 한번 말하지만 용기를 내어 자신의 마음을 이야기하는 내담자에게 화를 내거나 다그칠 의사는 없다. 애초에 진료실은 어떠한 얘기도 허용되는 곳이다. 허무맹랑한 것 같은 꿈 이야기도, 두서없이 꺼낸 이야기도 모두 도움이 된다.

중년의 내담자 O는 최근 회사에서 젊은 직원이 이직 의사를 밝히자 주체할 수 없이 화가 나는 자신의 모습에 당황했다. 워낙 이직이 많은 회사이기도 했고, 평소 이직한 직원들과도 좋은 관계를 유지하는 편이었다. 무엇보다 O는 스스로 감정 관리를 잘 한다고 자부했었기에 자신의 모습이 혼란스러웠다. 한참 분노의 감정을 얘기하던 O의 이야기는 홀로 어렵게 키운 아들로 넘어갔다. O는 아들이 어릴 때 이혼한 것이 미안해 한 번도 혼내지 않고 원하는 것을 다 들어주었다고 했다. 그런데 최근 아들이 갑자기 회사를 그만두더니 이민을 전제로 유학을 가겠다고 했단다. O는 아들의 직업군이 해외에서 훨씬 좋은 대우를 받을 수 있으니 아들을 이해하려 노력한다며 이야기를 끝냈다. 나는 이야기가 참을 수 없는 분노로 시작해서 아들의 이야기로 끝맺은 데에 의미가 있을 것 같다고 했다. 아들이 떠난다고 했을 때 생긴 분노를 억제하다가, 비슷한 나이대의 직원이 떠난다는 말을 하자 터져 나온 것 같다고 해석했다. O는 그제야 자신이 아들에게 너무 화가 나고 섭섭하다고 더듬더듬 이야기했다. 아들을 위해 모든 것을 참고 희생하던 자신을 버리고 떠나는 아들에 대한 분노와 자신의 처지에 대한 허망함을 이야기했다. O는 자신의 감정을 억누르고 완벽한 모습을 보여줘야 한다는 강박이 있었다. 따라서 아들도 O의 마음을 제대로 알기 어려웠을 것이라고 말해주니 O는 조금 놀랐다. 우리는 아들이 O의 마음을 알 수 있도록 진료실에서 이야기했던 내용을 잘 정리해서 아들에게 전달해 보기로 했다. 또한 필요하다면 가족 상담도 진행해 보기로 했다.

이렇듯 상담은 자신이 정말로 전하고 싶은 마음이 무엇인지 이야기를 통해 찾아나가는 과정이기도 하다. 그러니 무엇이든 말하고 싶은 것이 있으면 말하자. 치료의 효과를 높이는 확실한 방법은 솔직해지는 것이다.

입원을
해야 하는 경우는?

입원 중에서도 정신과 입원은 유난히 공포의 대상으로 여겨진다. 코로나 같은 전염성이 강한 감염병을 제외하고는 폐쇄병동이나, 강제 입원 등 내담자의 자유를 억압하는 입원이 가능한 유일한 곳이라는 이유가 클 것이다. 영화나 드라마 같은 매체에서도 정신과 입원은 다소 극적으로 그려진다. 물론 심각한 망상이나 환청을 가지고 있거나, 중독으로 자신과 타인을 해칠 위험이 크다면 강제 입원을 적극 검토해 보아야 한다. 그러나 정신과 입원이 이런 극적인 경우에만 이루어지는 것은 아니다. 다른 과와 마찬가지로 정신과도 자의로, 필요에 의해 입원하는 경우가 많다. 정신과 입원이 어떤 도움을 주기에 자의 입원을 하는 걸까?

먼저 '통제된 환경'을 이용하기 위해 입원을 하는 경우가 있다. 입원은 외부와 단절되는 효과가 있다. 그래서 외적인 스트레스 요인으로부터 분리가 필요한 경우 입원을 하기도 한다. 예를 들어, 직장 내 괴롭힘이나 군대에서의 폭력을 경험하고 심각한 우울증상이 생겼을 때 입원이 도움이 될 수 있다. 내담자에게 숨을 쉴 틈을 주는 동시에 치료적 환경을 조성하는 것이다. 특히 자살 생각이나 자해 충동을 통제하기 힘들 때도 단기 입원이 유용하다. 충동이 조금 잠잠해질 때까지 외부의 자살, 자해 방법 들과 거리를 두는 것이다. 입원을 하면 어쩔 수 없이 규칙적인 생활을 하게 된다. 수면 시간과 식사 시간이 정해져 있기 때문이다. 따라서 규칙적인 생활을 하며 생활 리듬을 회복하는 데도 도움이 된다.

증상이 중하거나 급격하게 악화돼 일상생활이 어려울 때도 입원을 한다. 즉, 치료가 신속하게 이루어져야 하는 상황이라면 입원이 유용하다. 외래에서는 의사가 내담자의 약물에 대한 반응을 매일 관찰할 수 없다. 일반적으로 1~2주마다 내원해 약을 조정하게 되는데 증상이 심하다면 이 1~2주를 버티는 것이 너무 고통스러울 수 있다. 그럴 때는 입원을 해서 약물 조절 속도를 높여 빠르게 증상을 완화하고, 이 과정에서 발생할 수 있는 부작용에 즉각적으로 대처한다. 약물치료를 내담자의 상태에 따라 유연하게, 바로바로 조정할 수 있다는 것이 입원의 큰 장점이다.

마지막으로 진단적 평가를 위해 입원을 하는 경우가 있다. 입원 환경에서는 정신과 전문의와의 면담, 임상심리사와의 심리검사, 병동생활 관찰 등 다양한 방법을 통해 내담자에 대한 정보를 얻는다. 이를 이용해 정확한 진단을 내릴 수 있다. 법원에서 요구하는 신체 감정이나 병무청 등에서 요구하는 병사용 진단서 작성을 위한 입원이 이에 해당된다.

정신과에 입원하면 미친 사람들이 많아서 악영향을 받는다는 루머가 있다. 그렇지 않다. 물론 입원이 필요한 내담자들은 대체로 증상이 중한 경우가 많다. 하지만 입원해 있으면서 증상이 빠르게 좋아지는 사례가 대부분이어서 다른 사람에게 위협을 주는 일은 거의 없다. 있더라도 내가 경험해 본 입원병동은 대체로 서로가 서로를 돕는 분위기였다. 서로가 서로의 아픔을 이해하기에 공감해 주고 도와주는 경우가 많았다. 오히려 나 혼자만 힘든 줄 알았는데 그렇지 않다는 것을 눈으로 확인하며 위로받고 이해받는 기분이 들었다는 환자들도 많이 봤다. 그러니 혹시라도 입원을 권유받는다면, 너무 겁먹지 말고 스스로를 위해 어떤 선택이 좋을지 충분히 고민해 보자.

똑똑똑,
정신과 문을 연
당신이 알아야 할 A TO Z

부작용이 있어도
약을 먹어야 할까?

이번 장에서는 부작용이 생기는 이유와 해결 방법에 대해서 알아보자. 부작용의 원인으로는 세 가지를 생각해 볼 수 있다.

부작용이 생기는 첫 번째 이유는 약의 농도가 너무 높아서다. 약은 너무 많이 먹으면 증상과 강도의 차이가 있을지언정 반드시 부작용을 일으킨다. 부작용의 또 다른 의미는 약이 과도하게 작용한다는 것이다. 더 정확하게는 체내 약물의 농도가 약의 효과를 볼 수 있는 용량을 넘었다고 볼 수 있다. 우리가 약을 복용하면 시간에 따라 몸속 약물 농도가 올라갔다가 서서히 내려간다. 이때 몸속 약물 농도가 일정 수준을 넘어야 약효가 나타나게 되는데 이 농도를 '최소 유효농도'라고 한다. 몸속 약물 농도가 최소 유효농도를 넘어선 지점부터 그 밑으로 떨어지는 지점까지가 약효가 작동하는 시간이다. 모든 약은 '최대 허용농도'를 가지는데 그 농도가 바로 부작용을 일으키는 최소 농도이기도 하다. 즉, 모든 약물은 농도에 따라 부작용을 가질 수 있다.(물론 부작용의 증상이나 강도가 지나치게 위험한 약은 거의 사용하지 않는다.) 그래서 우리가 약을 쓸 때는 최소 유효농도와 최대 허용농도 사이의 농도를 맞추려고 노력한다. 부작용을 호소했을 때 의사가 약을 바꾸지 않고 농도를 낮추는 노력을 해본다면 이런 경우가 많다.

두 번째 이유는 신체의 효율성 때문이다. 우리의 몸은 한 가지의 물질로 다양한 기능을 조절한다. 예를 들어, 도파민의 경우

정보를 파악하거나 학습하는 정신 활동에도 작용하지만 운동 능력에도 작용한다. 그래서 도파민 활성이 지나칠 때 생기는 환각이나 망상을 치료하는 초기 항정신병약물은 운동 기능을 떨어뜨리는 작용을 하는 탓에 행동이 둔해지는 부작용이 있기도 했다. 감기약으로 작용하는 항히스타민제도 코에서는 콧물을 멈추는 작용을 하지만 뇌에서는 진정 작용을 일으킨다. 졸음이라는 부작용을 일으키는 이유다.

마지막으로는 개인적인 특성과 심리적인 원인이 있다. 위의 두 가지 원인도 사람마다 다르게 나타나는데 내담자의 나이, 성별, 컨디션, 식이습관 등 개별적인 조건이 다 다르기 때문이다. 무엇보다 정신과 약물의 부작용은 심리적인 원인에서 비롯되는 경우가 왕왕 있다. 약에 대한 불안이 증상을 만들어내는 것이다. 약 자체에 대한 불안이 너무 높으면 약을 먹는 행위 자체가 스트레스 요인이 돼서 온갖 스트레스 반응을 일으킬 수 있다.

내담자 B는 우울하고 벌컥 화가 나는 증상으로 병원에 내원했다. B는 처방받은 항우울제를 먹기만 하면 근육이 뒤틀리고 깨질 듯한 두통 때문에 힘들다고 했다. B가 처방받은 용량이나 약의 특성을 고려했을 때 일반적이지 않은 증상이었다. 상담을 통해 B는 항우울제를 먹는 것에 극심한 공포를 느끼고 있다는 것을 알 수 있었다. 그래서 모든 약을 빼고 아주 적은 양의 항불안제부터 사용하면서 상담을 통해 약물에 대한 공포심을 줄였다. 공포심이 한결 줄어들었을 때 항우울제를 처방하자 B는 더 이상 예전의 부작용을 호소하지 않았다.

약물 복용 후 부작용이 생겼다면 의사에게 증상을 말하고 해결책을 찾는 것이 가장 중요하다. 부작용은 그 종류에 따라 해결책이 다르다. 부작용이 보편적으로 많이 나타나는 증상이거나 신체 부담이 적다면, 특히 약물 효과가 좋은데 대체할 약이 없는 경우에는 일반적으로 대책을 마련하면서 약을 계속 쓴다. 용량을 조절하거나, 부작용을 줄이는 약을 함께 쓴다. 예를 들어, 우울로 인한 무기력을 호전시키는 아리피프라졸이라는 약은 가만히 앉아있기 어렵고 자꾸 걷고 싶은 느낌이 들게 만드는 부작용이 있다. 이럴 경우 인데놀이라는 약을 병용하면 증상이 사라진다. 투약 시간을 조절하는 방법도 있다. 약이 졸음을 유발하면 자기 전에 복용하고, 잠을 깨게 만든다면 아침에 복용하는 식으로 시간을 조절한다. 생활습관의 교정이 일부 필요할 때도 있다. 갈증이나 변비가 부작용이라면 평소보다 물을 많이 챙겨 마시는 것이 도움이 된다. 또한 초반에 나타나는 부작용은 일시적인 경우가 많다. 메스꺼움, 약간의 어지러움, 손떨림 같은 가벼운 부작용은 대부분 시간이 지나면 저절로 사라진다.

안타깝게도 항상 해결 가능한 가벼운 부작용만 발생하는 것은 아니다. 위의 대책들을 사용해도 부작용이 지속되면 일상생활에 지장을 줄 수 있다. 특히 내담자가 특이 체질이거나, 기저질환이 있다면 약물 부작용이 위험할 수도 있다. 이때는 약물을 중단하고 필요하다면 다른 약으로 변경해야 한다. 부작용은 대체로 일주일 내로 몸속 약물이 빠져나가면서 사라진다.

다시 강조하자면 약을 먹고 이상 반응이 느껴진다면 참지 말고 이야기하자. 부작용은 사람마다 다르기 때문에 꼭 얘기해서 함께 조절해 나가야 한다. 금방 해결할 수 있는 문제를 끙끙 참으며 고통받을 필요도 이유도 없다. 진료실은 전적으로 내담자를 위한 자리다. 의사가 기분 나빠 할까 봐 걱정하는 사람들도 있다. 약의 부작용은 의사가 만든 게 아니니 전혀 걱정할 필요 없다. 모든 투약 여정에는 조율의 시간이 필요하다. 의사와 약의 득실을 따져 약물 사용을 함께 결정할 때 약의 효과도 더 확실히 느낄 수 있다.

항우울제, 항불안제…

알고 먹어야 약이 된다

약을 복용하는 사람들은 대개 자신이 무슨 약을 먹는지 모른다. 모르는 게 약이라는 말도 있지만, 약에서만큼은 아는 것이 힘이다. 자신이 무슨 약을 먹는지는 꼭 알아두자. 치료 과정의 주체로서 꼭 필요한 정보다. 또한 복용하는 약의 효과와 부작용을 대략적으로 알아둬야 나와 잘 맞는 약과 아닌 약을 파악할 수 있다. 자기와 잘 맞는 약을 찾는 여정이 쉽지만은 않을 때도 있다. 그러나 내 몸에 잘 드는 약을 찾는 건 인생을 사는 데 필요한 무기를 찾은 것과 같다. 약을 왜 쓰는지 궁금할 때는 주치의에게 물어보자. 일반적으로 약이 궁금하면 인터넷으로 검색한다. 문제는 모든 약이 그렇듯 정신과 약도 한 가지 방식으로만 사용되지 않는다는 데 있다. 예를 들어, 아빌리파이라는 약은 검색하면 조현병 약이라고 먼저 나온다. 하지만 소량의 아빌리파이는 항우울제와 병용했을 때 우울과 무기력에 아주 효과적이다. 그러니 혼자 검색하고 찾아본 일부의 정보만 가지고 내가 증상에 맞지 않은 약을 처방받은 건 아닌지 불안에 떨지 말자. 당신은 언제든지 의사에게 약에 대해서 물어볼 권리가 있다.

항우울제

수많은 신경전달물질이 뇌의 기능을 조절하지만, 기분과 인지 기능에 특히 큰 역할을 하는 주요한 신경전달물질 세 가지가 있다. 세로토닌, 노르에피네프린, 도파민이다. 세로토닌이 부족하면 강박, 우울, 기억력 및 집중력 저하가 생긴다. 노르에피네프린이 부족하면 활력과 집중력이 떨어진다. 도파민이 부족하면 아무것도 하고 싶지 않고 재미를 느끼지 못하게 된다. 이런 점에 착안해서 항우울제는 세 가지 물질들의 농도를 높여 우울을 줄여준다.

1) 선택적 세로토닌 재흡수 억제제(SSRI)는 뇌에서 세로토닌의 재흡수를 억제해 세로토닌 농도를 높이는 2세대 항우울제다. 안정성과 효과가 높고 우울뿐만 아니라 강박이나 불안에도 효과적이라 가장 많이 사용된다. 대표적으로 에스시탈로프람, 플루옥세틴, 파록세틴, 설트랄린이 있다.

2) 세로토닌-노르에피네프린 재흡수 억제제(SNRI)는 SSRI에 변주를 준 약물로 세로토닌과 노르에피네프린의 농도를 높여주는 약이다. 무기력증과 신체 증상을 줄이는 데 효과적이다. 대표적으로 둘록세틴, 벤라팍신, 데스벤라팍신이 있다.

3) 도파민-노르에피네프린 재흡수 억제제(DNRI)인 부프로피온은 도파민과 노르에피네프린의 농도를 높이는 약으로 걱정을 줄여주고 집중력을 높여주는 특징이 있다.

4) 복합적 세로토닌 자극제(SMS)인 보티옥세틴은 인지 기능 보존 및 향상에 효과가 있고, 무쾌감증 부작용이 적은 것이 특징이다.

항불안제

불안에는 뇌의 억제성 신경전달물질인 가바(GABA)가 중요한 역할을 한다. 억제성 물질은 신경 활동을 억제, 안정화시켜 진정 효과를 유발한다. 가장 흔히 사용되는 항불안제인 벤조디아제핀계 약물은 GABA 수용체에 직접 작용해 빠르고 효과적으로 불안을 줄여준다. 주로 급성 불안, 공황발작, 불면증 치료에 사용되며, 수술 전 진정이나 알코올 금단증상 조절에도 효과적이다. 매우 다양한 종류가 있는데 몸에서 금방 분해돼 작용 시간이 짧은 약이 있고, 오래 남아있어 작용 시간이 긴 약물이 있다. 개인차가 크고 장기 복용 시 내성이 생길 수 있으므로, 투여 간격과 용량, 종류는 반드시 개별적으로 조절해야 한다. (나한테 효과가 있다고 다른 사람에게 자신이 복용하는 약을 주면 안 된다!)

1) 알프라졸람(알프람)은 빠르게 효과가 나타나고 효과가 지속되는 시간도 짧다. 그래서 공황장애와 급성 불안증상 조절에 효과적이다. 지속 시간이 짧아서 하루 2~3회 분할 투여하는 경우가 많다.

2) 디아제팜은 몸에 오래 남아있는 특징이 있다. 그래서 약을 갑자기 중단했을 때 생기는 금단증상이 적어 알코올 금단 조절에 효과적이다. 강한 근이완 효과가 있어 근육 긴장이나 경련에도 사용된다.

3) 로라제팜(로라반)은 간에서 대사되지 않고 직접 배설되어 간 기능이 저하된 환자에게도 비교적 안전하게 사용할 수 있다.

4) 클로나제팜은 효과 지속 시간이 긴 약이다. 공황장애뿐만 아니라 간질 발작 예방에도 효과적이며, 하지불안증후군이나 사회불안장애 치료에도 사용된다. 수면 구조를 망가뜨리지 않고 사용할 수 있는 안정제이기도 하다.

5) 브로마제팜은 다른 벤조디아제핀에 비해 기억력이나 인지 기능에 미치는 영향이 비교적 적은 것이 특징이다.

수면제

수면은 신체와 정신건강의 핵심이다. 잠을 못 자면 낮에 집중이 안 되고 짜증이 늘며 면역력도 떨어진다. 수면제는 이런 불면 문제를 해결하기 위해 사용하는 약물이다. 수면제는 크게 벤조디아제핀계, 비벤조디아제핀계(z-drug), 그리고 멜라토닌 제제로 나뉘며, 때로는 항우울제나 항정신병 약물을 수면 목적으로 사용하기도 한다.

1) 항불안제인 벤조디아제핀은 자기 전의 긴장감이나 불안감을 줄여주고, 근육을 이완시켜 입면과 수면 유지를 돕는다.

2) 비벤조 수면제에는 대표적으로 졸피뎀이 있다. 빠르게 작용하며(약

30분 이내), 효과는 6~8시간 정도 지속된다. 반감기가 짧아 아침의 졸음이 상대적으로 적다. 수면 패턴도 자연스럽게 유지된다. 효과가 강한 만큼 심리적 의존 위험이 높다. 주요 부작용으로는 평소라면 자제했을 행동을 통제하지 못하게 되는 것과 일어난 일을 제대로 기억하지 못하는 증상이 있다. 대표적으로 자다 일어나 음식을 먹고도 다음 날 아무 기억이 없는 경우가 있다.

3) 항우울제 중 몇몇 약(트라조돈, 멀타자핀)은 저용량으로 복용 시 수면 유도 효과가 있다. 항우울제 계열의 약을 수면제로 사용하면 의존성이 낮고 수면 구조를 크게 방해하지 않는다는 장점이 있다.

4) 항정신제제 중 몇몇 약(쿠에티아핀)은 낮은 용량에서 수면 유도 효과가 있다. 수면 지속 시간을 늘려주고 수면 구조를 방해하지 않아 수면의 질을 개선한다.

5) 멜라토닌 제제 - 사람은 시계가 없어도 일정한 시간이 되면 잠이 오고, 또 깨어나는데 이 과정에는 두 가지 호르몬이 관여한다. 낮에 나와서 몸을 각성시키는 코르티솔과 밤에 나와서 잠이 오게 하는 멜라토닌이다. 멜라토닌은 낮에 충분히 햇볕을 쬐면 자연적으로 나와야 하는데, 실내 생활이 많아 햇볕을 잘 쬐지 못하는 현대 사회에서는 멜라토닌 수치가 줄어있는 사람들이 많다. 그래서 약물 형태로 복용해 보충하기도 한다. 멜라토닌 제제는 수면의 질을 높이고 잠에서 깬 뒤 개운한 상태로 만들어주는 데도 도움을 준다. 또한 최근 연구에 따르면 멜라토닌은 높은 항산화뿐 아니라 면역력 증진에도 효과적이다. 그래서 멜라토닌이 부족해지면 치매 위험이 높아지거나 노화가 가속화된다.

기분 조절제

양극성장애의 가장 큰 특징은 기분이 들쭉날쭉하다는 것이다. 기분이 비정상적으로 고양되는 조증과 심하게 저하되는 우울이 반복된다. 이런 기분의 급격한 변화를 안정화시키는 약물이 기분 조절제다. 기분 조절제는 조증과 우울을 조절할 뿐 아니라 충동성을 낮추고 공격성을 줄여주기 때문에 충동조절장애, 인격장애, 심한 분노조절장애에도 사용된다. 또한 만성 통증이나 편두통 예방에도 효과가 있다.

1) 발프로익산은 뇌의 가바(GABA) 농도를 높여주는 약물이다. 원래 간질 치료제로 개발됐지만, 조증 증상을 효과적으로 조절할 수 있어 양극성장애 치료에 널리 사용된다. 특히 급성 조증 증상을 빠르게 안정화시키는 데 도움이 되며 안전한 것이 장점이다.

2) 리튬은 가장 오래된 기분 조절제로 조증 증상의 치료와 예방에 탁월하며, 자살 위험도 낮춰준다. 다만 혈중 농도가 높아지면 위험할 수 있기 때문에 정기적인 혈중 농도 검사가 필요하다.

3) 라모트리진도 처음에는 간질 치료제였다가 기분 조절제로 사용하게 된 약물이다. 특히 양극성장애의 우울을 예방하고 호전시키는 데 효과적이다. 다른 기분 조절제와 달리 체중 증가가 적다는 장점이 있지만, 드물게 심각한 피부발진이 생길 수 있어 천천히 용량을 올려야 한다.

ADHD 약물

ADHD는 전두엽에서 도파민과 노르에피네프린이 부족한 경우가 많다. 도파민은 집중력을 담당하고 노르에피네프린은 충동 억제를 담당한다. 따라서 이 두 가지 신경전달물질의 양이 충분하도록 도와주는 약을 쓰는 것이 큰 도움이 된다. ADHD 치료에는 메틸페니데이트와 같은 자극제 계열의 약물이 가장 널리 사용되며, 아토목세틴과 같은 비자극제 계열의 약물도 내담자의 상태와 선호도에 따라 선택적으로 처방할 수 있다.

1) 중추신경 자극제 - 메틸페니데이트

가장 효과적인 약으로, 한국에서는 안전한 메틸페니데이트라는 성분의 약만 사용한다. 메틸페니데이트는 뇌에서 분비된 도파민이 분해되는 것을 막아 농도를 높게 유지시켜 준다. 메틸페니드에는 페니드, 메디키넷, 콘서타가 있다. 페니드는 속효성으로 3~4시간 정도 지속되는 약이다. 셋 중 가장 빠르게 효과를 보지만 지속성은 현저하게 떨어진다. 메디키넷은 빠르게 효과가 나타나면서 지속 시간도 6~8시간 정도 된다. 따라서 오전, 오후에 업무를 끝내고 저녁에는 휴식을 갖는 라이프스타일에 잘 어울린다. 콘서타는 1~2시간 이후에 효과가 나타나서 12시간 정도 지속되기 때문에 하루 종일 할 일이 있는 경우 많이 선택한다.
ADHD의 가장 효과적이고 빠른 치료제는 자극제가 맞다. 다만 지나치게 각성했을 때 나오는 증상들이 부작용으로 나타날 수 있다. 밤길에 강도를 만났다고 생각해 보자. 가슴이 쿵쾅거리고, 잠이 싹 달아나며, 온몸에 힘이 들어갈 것이다. 자극제의 대표적인 부작용이 식욕저하, 불면, 긴장, 가슴 두근거림인 이유다. 따라서 복용 초반에는 카페인이 들어있는 음료 (커피나 홍차)를 피하는 것이 좋다. 또한 약물 효과가 끝날 때쯤 급격하게 졸리거나 피곤해질 수 있다. 일상생활에 지장을 주는 부작용을 겪고 있다면 의사와 상의해서 약물을 조절해 나가면 된다.

2) 중추신경 비자극제 - 아토목세틴

아토목세틴은 분비된 노르에피네프린이 분해되는 것을 막아 농도를 유지해 준다. 불안을 줄여주는 효과가 있어서 자극제 부작용이 심한 경우 비자극제인 아토목세틴을 사용한다. 복용 후 2~4주 정도 시간이 지나야 효과가 나타나는 특징이 있어 꾸준히 복용해야 한다. 처음 복용할 때 졸리거나 메스꺼움을 느낄 수 있지만, 익숙해지면 부작용은 적은 편이다.

항갈망제

중독의 치료에 사용되는 항갈망제는 문자 그대로 갈망을 줄여주는 약이다. 항갈망제에는 날트렉손과 아캄프로세이트가 있다. 알코올 치료에서의 효과를 살펴보면 날트렉손은 보상회로를 차단해 마셔도 즐겁지 않게 만들어주고, 아캄프로세이트는 뇌가 흥분하지 않게 만들어서 금주를 잘 유지할 수 있게 해준다. 행위 중독에도 과도한 쾌락을 조절하기 위해 날트렉손을 사용한다. 거기에 충동 조절을 위한 약물을 함께 사용하는 편이다.

안전하고

효과적인

약물 사용 설명서

약 먹는 시간은 꼭 지켜야 할까?

먼저 약 먹는 시간을 제대로 지키면 얻을 수 있는 큰 장점 두 가지를 알아보자.

첫째는 약의 효과를 가장 효율적으로 발휘하게 해준다. 약물 효과는 피 속에 녹아있는 약물의 농도인 혈중농도가 일정하게 유지될 때 가장 뛰어나다. 정신과 약물의 경우 부족한 신경전달물질을 채워 균형을 맞추는 것이 목적이기에 더 그렇다. 혈중농도를 가장 잘 유지하는 방법이 시간에 맞춰 복용하는 것이다. 무엇보다 시간에 맞춰 먹으면 약물을 미세하게 조정하는 데 도움이 된다.

예를 들어, 불안과 우울로 약을 하루에 2번 먹었던 C의 경우를 보자. C는 항우울제와 항불안제를 아침 8시 그리고 취침 전인 밤 12시에 먹었다. 약을 먹고 증상이 호전되었음에도 오후 5시부터 7시까지 갑자기 불안감이 높아져 견디기 어려웠다. 퇴근 시간이 가까워져서 특별히 환경적인 스트레스가 없음에도 이 시간이 힘들었다. 치료자는 C의 투약 시간을 확인하고 아침 약의 작용이 떨어지는 시간과 C의 증상이 악화되는 시간이 맞아떨어짐을 계산할 수 있었다. 그래서 취침 약 중 수면을 돕는 약을 제외한 항불안제와 항우울제를 오후 3시쯤 복용하도록 시간을 조정

했다. C는 바뀐 시간으로 약을 먹자 추가 약 없이도 하루 종일 편안하게 생활할 수 있었다.

둘째는 시간을 지켜 먹으면 약을 잊지 않고 꾸준히 챙길 확률이 높아진다는 점이다. 대부분의 약을 식후로 처방하는 것도 그 때문이다. 몇몇 약은 위장장애를 일으킬 수 있어서 식후에 먹는 것이 좋지만 꼭 모든 약이 그런 것은 아니다. 그럼에도 식후에 약을 먹도록 처방하는 이유는 대부분의 사람들이 밥 먹는 시간은 일정하게 지키기 때문이다. 이미 규칙적으로 지키고 있는 일정에 약 먹는 행동을 끼워 넣는 것이 투약 습관을 만드는 데도 유리하다.

약을 꾸준히 복용하는 것은 약의 치료 효과를 제대로 누릴 수 있을 뿐만 아니라 치료 계획을 조정할 때도 중요하다. 예를 들어 항우울제를 사용할 때 충분한 용량을 4~6주 동안 꾸준히 썼음에도 효과가 없으면 다른 약으로 바꿔본다. 그런데 약을 빼먹거나 잘 먹지 않았다면 약의 효과가 있는지 없는지 판단할 수가 없다. 그러면 그 약의 효과를 판단하기 위해 4~6주를 다시 써야만 한다. 이 경우 치료 기간이 길어지고 치료 계획이 늘어지면서 내담자도 지칠 수 있다.

시간을 지켜 복용해야 한다는 말이 부담스러울 수 있다. 복용 시간 좀 못 지키고 한두 번 빼먹었다고 약효도 못 보고 괜히 부작용만 겪는 건 아닌지, 두려움이 앞서고 걱정될 수 있다. 더러는 아침 약을 못 먹었는데 점심에 먹어도 되는지 고민하다 에라 모르겠다, 하고 아예 약을 건너뛰어 버리기도 한다. 따라서 복용 시간과 관련해서 가장 중요한 것은 의사와 상의해서 지킬 수 있는 계획을 세우는 것이다.

어떤 사람은 자기 전 약은 잘 먹지만 아침을 먹지 않아서 아침 약을 자꾸 깜박할 수 있다. 또 아침 약은 잘 챙겨 먹는데 퇴근 시간이 너무 들쭉날쭉해서 취침 약을 빼먹는 경우도 있다. 회식 때 술을 마시는 경우 약을 어떻게 해야 할지 몰라 난감할 수도 있다. 이런 모든 상황을 의사와 상의해서 투약을 결정할 수 있다. 하루 두 번 먹는 게 너무 힘들면 한 번만 먹을 수 있도록 약을 조정하면 된다. 술을 마시는 날에는 취침 약 중 어떤 것은 미리 먹고, 어떤 것은 빼고 먹어도 되는지 미리 상의하면 된다. 시간을 못 지켰다고 약을 아예 안 먹어버리면 혈중농도가 더 들쭉날쭉해진다. 대체로는 늦게라도 먹는 편이 좋다. 이런 상황을 주치의와 상의해서 결정할 수 있으니 자신의 성향과 상황을 잘 파악하는 것이 중요하다.

복용 중 술을 마셔도 될까?

즐거움을 위해서든 사회생활을 위해서든 살다 보면 술을 마실 때가 있다. 그럴 때 약은 어떻게 해야 할까? 술을 마시고 약을 먹어도 괜찮을까? 당연한 얘기지만 좋지 않다. 술과 약은 모두 간에서 대사된다. 대부분의 약은 간을 거치면서 분해 효소에 의해 형태가 바뀐다. 형태가 바뀌어야 약효도 나고, 또 몸속에서 배출될 수 있다. 문제는 술이 똑같은 분해 효소를 사용한다는 데 있다. 술을 마시고 약을 먹으면 술이 먼저 분해 효소를 사용해 버려서 약이 대사를 거칠 수 없다. 그러면 약효가 나타나지 않을 뿐 아니라 배출이 잘되지 않아서 부작용이 나타날 위험이 높아진다. 즉, 술과 약은 서로 경쟁하는 물질이다. 그렇기에 간의 부담도 높아져 무리가 간다.

영화나 드라마에 많이 나오는 장면 중 술과 약을 동시에 먹는 장면이 있다. 결과가 어떤가? 축 처지고 정신을 차리지 못한다. 물론 그만큼 위험하지는 않겠지만 대부분의 정신과 약은 중추신경을 안정시키는 약이다. 술과 함께 먹으면 과도하게 졸리거나 신경을 둔하게 만들 수 있다. 게다가 술은 약물과 직접적으로 상호작용을 할 수도 있어서 부작용을 증폭시킬 수 있다.

따라서 술과 약을 함께 먹는 것은 좋지 않다. 술 약속을 잡았

242

다면 술을 마시기 전에 먹어야 할 약을 언제 먹으면 좋을지 의사와 미리 상의하자. 갑작스럽게 술을 마시게 될 경우, 평소 먹는 취침 약이 있다면 어떻게 하면 좋을지 상의하는 것도 도움이 된다.

다른 약물, 한약을 같이 먹어도 될까?

술과 마찬가지로 정신과 약물을 다른 약물과 복용했을 때 간의 분해 효소 경쟁이 생기는 경우가 있다. 그러나 일반적으로 약물은 용량을 계획적으로 조절해서 복용하는 물질이기 때문에 크게 위험하지는 않다. 국가에서도 '약물 유해반응 보고 지침'을 통해 약물 간 생길 수 있는 위험을 지속적으로 경고해 준다. 가장 확실한 방법은 정신과 약물을 복용하는 중에 다른 과 약물을 먹게 된다면 주치의에게 알려주는 것이다. 모든 의사들이 처음 진료를 시작할 때 앓고 있는 병이 있는지, 먹는 약이 있는지 확인하는 것도 이러한 이유 때문이다.

문제는 한약이다. 약물의 성분을 명확히 알 수 있는 양약과는 달리 한약은 성분명이나 비율을 알 수 없다. 한약은 처방전 교부의 의무가 없기 때문이다. 한약을 먹으면 안 된다는 것이 아니다. 다만 아직까지는 한약과 정신과 약물을 함께 복용했을 때의 안정성 연구가 나와 있지 않다. 의사는 과학적 근거를 가지고 진료를 보도록 훈련받는다. 과학적 근거가 없고, 정보가 부재하기 때문에 보수적으로 함께 복용하는 것을 권장하지 않을 수밖에 없다. 또한 한약과 정신과 약을 같이 복용했을 때 증상이 좋아졌다면 왜 좋아졌는지, 부작용이 생겼다면 무엇 때문인지 알 방법이 없다. 따라서 임의로 함께 복용하지 말고 이 또한 주치의와 상의하기를 권장한다.

한 가지 더 기억하면 좋을 사항으로 자몽주스가 있다. 자몽주스는 모든 약을 먹을 때 마시지 않는 것이 좋다. 자몽주스가 약물이 간에서 대사될 때 사용하는 효소의 활성을 억제하기 때문이다. 적어도 약물과 4시간의 간격을 두고 마시는 것이 좋고, 걱정이 된다면 약물 복용 기간 동안에는 자몽주스를 피하는 것이 가장 좋다.

치료를 받아도,

좋아진 건지 잘 모르겠다면

굉장히 심한 증상으로 진료실에 왔음에도 치료를 시작하고 얼마 지나지 않아 증상이 급격히 좋아지는 경우가 있다. 기쁘고 감사한 일이다. 반대로 몇 달간 치료를 받았는데도 별 차이가 없다고 느끼거나, 약의 부작용을 경험하며 더 힘들어하는 경우도 있다. 많은 내담자들이 증상이 줄어들면 기분이 나아졌다가 다시 증상을 경험하면 더 깊이 좌절한다. 불안이 심해져 치료를 계속 받는 게 맞는지 의심하기도 한다. 충분히 이해한다. 치료를 위해 시간과 에너지를 들여 노력할수록, 기대가 클수록 이런 실망감은 커진다. 그런데 치료 과정에서 갖는 실망은 어쩌면 우리가 정신과의 회복 과정에 대해 알지 못해서 생기는 것일 수 있다. 아는 것이 힘이다. 회복이 어떤 모양으로 진행되는지 정확하게 알면, 현실적인 기대를 하면서 치료 과정을 견딜힘이 생긴다.

마음은 좋아졌다 나빠졌다를 반복하며 좋아진다

내담자들은 치료를 시작하면 쭉 좋아지기만을 바란다. 하지만 원래 마음의 변화는 좋아졌다 나빠졌다를 반복하면서 천천히 좋아진다. 왜 그럴까? 마음 상태는 오랜 시간에 걸쳐 만들어진다. 어린 시절부터 쌓아온 경험, 관계, 생각 들이 복잡하게 얽혀 지금의 나를 만든다. 지금의 관점에서는 나쁜 버릇이나 왜곡된 생각처럼 보이는 것들도, 과거 어느 시점에서는 우리가 살아남기 위해 선택했던 최선의 방법이었다. 살아있다는 것이 그 증거다. 그래서 뇌는 마음의 습관을 계속 유지하려고 한다. 정신과적 치료는 그런 마음의 습관 중 나를 힘들게 하는 것들을 찾아내고 변화시키는 일이다. 때문에 시간이 필요하다. 게다가 습관은 스트레스 상황에서 더욱 힘을 가진다. 뇌는 습관적인 선택을 할 때 에너지를 훨씬 덜 사용한다. 그래서 스트레스 상황에서 에너지가 고갈되면 무의식적으로 가장 많이 사용했던 방식으로 문제를 해결한다. 정신과 치료를 시작한 사람들은 대개 상당한 스트레스에 노출돼 있다. 에너지도 상당히 고갈돼 있는 경우가 많다. 치료는 이런 상황에서 뇌가 부리는 고집을 달래가면서 스스로를 돌보는 과정이다.

또한 너무 급격하게 좋아지는 것이 꼭 좋은 일만은 아니다. 우울하거나 불안한 증상이 너무 빨리 좋아진다면 조증을 의심해야 할 수도 있다. 뇌가 외부의 자극이나 단기간의 노력에 의해 수시로 상태가 바뀐다면 혼란스러워 살기 어려울 것이다. 뇌가 익숙한 것을 유지하려 하고, 달라지더라도 천천히, 오랜 시간에 걸쳐 바뀌는 것은 나의 안전을 위해서다. 그러니 조급해하지 말자. 오히려 뇌가 천천히 바뀌기 때문에 좋아진 이후에도 그 상태를 유지하려 한다는 점에서 희망을 찾자. 증상이 빨리 좋아지지 않는다고 자꾸 제자리걸음만 하는 것 같다고 일희일비할 필요 없다. 치료를 받은 뇌는 좋아지기 위해 노력했던 경험과 그로 인해 실제로 증상이 나아졌던 변화도 기억한다. 치료 과정에서 1보 후퇴하더라도 그 기억으로 2보 전진할 수 있다.

회복 과정은 마치 오래된 집을 수리하는 것과 비슷하다. 처음에는 낡은 벽지를 떼어내고 쓸모없는 물건들을 치우면서 빠르게 달라지는 게 보인다. 하지만 그 아래에 있는 근본적인 문제, 벽 속 낡은 전선을 교체하거나 기초 공사를 다시 하는 데는 더 많은 시간과 노력이 필요하다. 이런 문제들을 해결하는 동안 겉으로는 진전이 없어 보일 수 있다. 그러나 꾸준히 작업을 이어가다 보면 어느 순간 튼튼하고 아름다운 모습으로 탈바꿈한 새집을 발견한다. 우리 마음도 마찬가지다. 표면적인 증상은 비교적 빨리 완화될 수 있지만, 그 증상의 근본 원인을 해결하는 데에는 더 긴 시간이 필요하다. 치료 과정은 결코 직선적이지 않다. 좋아졌다가 나빠지기도 하고, 다시 좋아지는 과정을 반복한다. 하지만 장기적으로 보면 전반적인 상태는 분명 개선되고 있다.

또 한 가지 고려해야 할 점은 우리가 변화를 인식하는 방식이다. 우리는 종종 자신의 변화를 잘 알아차리지 못한다. 마치 매일 거울을 보는 사람이 자신의 얼굴 변화를 잘 못 느끼는 것처럼 말이다. 그럴 때 주변 사람들이 종종 우리의 변화를 먼저 알아챈다. 치료 과정에서 주변 사람들로부터 "요즘 표정이 밝아 보인다." "예전보다 말수가 늘었다." 등의 이야기를 들을 때가 있다. 이는 내가 느끼지 못할 뿐 실제 변화가 일어나고 있다는 신호일 수 있다.

천천히 안전하게 가는 것이 더 중요하다

정신과 약물은 즉각적인 효과를 보이지 않는 경우가 많다. 대부분의 항우울제는 효과가 나타나기까지 2~4주가 걸린다. 그리고 이는 단순히 '효과가 나타나기 시작하는' 시점일 뿐이다. 충분한 효과를 보기까지는 더 오랜 시간이 필요할 수 있다. 이는 뇌의 신경전달물질 체계가 서서히 변화하고, 새로운 신경 연결을 만들어내는 데 시간이 필요하기 때문이다. 정신과 치료가 단순히 증상의 호전뿐만 아니라 뇌의 구조적, 기능적 변화를 가져온다는 뜻이다. 예를 들어, 장기간의 항우울제 치료는 해마의 부피를 증가시키고, 편도체의 과활성화를 줄이는 등 뇌의 구조를 긍정적으로 변화시킨다. 이런 과정은 천천히 이루어져야 한다. 뇌는 민감한 기관이기에 너무 급격한 변화를 주면 오히려 스트레스 반응 때문에 더욱 힘들어질 수 있다.

처음 처방받은 약이 잘 맞지 않을 수도 있다. 우리 몸은 저마다 다르고, 약물에 대한 반응도 제각각이다. 통계적으로 반응성이 좋은 약물이라고 하더라도 나에게는 안 맞을 수 있다. 예를 들어, 일부 사람들은 CYP2D6이라는 효소의 활성도가 높아 특정 약물을 빨리 대사시켜 다른 사람보다 더 높은 용량이 필요할 수 있다. 반대로 이 효소의 활성도가 낮은 사람은 같은 용량으로도 부작용을 경험할 수 있다. 때문에 의사와 상담하며 약물의 종류나 용량을 조절하는 과정이 필요하다. 이 과정에서 치료 기간이 더 소요될 수 있다. 그럼에도 천천히 안전하게 가는 것이 더 중요하다. 급하게 용량을 높이면 예상치 못한 부작용을 먼저 경험해 치료를 꺼리게 될 수 있다. 또 여러 약물을 한 번에 사용하면 어떤 약에 문제가 있는지 알 수 없어 오히려 시간이 더 걸릴 수 있다.

힘들 수 있지만 인내심을 가져보자. 그리고 작은 변화에 주목하자. 때로는 아주 사소한 것들이 중요한 변화의 징후일 수 있다. 예를 들어, 오늘 아침에 일어나는 것이 어제보다 조금 덜 힘들었다거나, 오랜만에 친구에게 먼저 연락을 했다거나 하는 것들 말이다. 이런 작은 변화들을 기록해 두는 것도 좋다. 그리고 치료자에게 치료 과정에 대한 의문이나 불안, 기대 등을 털어놓자. 설명을 들으면 이해가 되고 이해가 되면 덜 불안하다. 덜 불안한 마음이 치료를 지속할 수 있게 한다.

　무엇보다 자신에게 너무 가혹하게 굴지 말아야 한다. 회복의 과정은 직선이 아니다. 좋아졌다가 다시 나빠지기도 하고, 때로는 제자리걸음을 하는 것처럼 느껴질 수도 있다. 이는 모두 정상적인 과정이다. 자책하는 것은 힘껏 뻗어나가는 뿌리를 잘라버리는 것과 같다. 씨앗을 심고 물을 주고 햇빛을 쬐어주어도, 싹이 돋는 데는 시간이 걸린다. 그 과정에서 눈에 보이는 변화가 없다고 해서 아무 일도 일어나지 않는 것은 아니다. 씨앗은 땅 속에서 뿌리를 내리고, 줄기를 만들고, 잎을 틔우는 과정을 거치고 있다. 우리의 마음도 마찬가지다. 3~4개월의 치료로 완전히 달라지지 않았다고 해서 실망하지 말자. 마음은 지금 이 순간에도 회복을 향해 한 걸음 한 걸음 나아가고 있다. 그 과정을 믿고, 꾸준히 치료를 이어나가자.

정신과 치료,

언제까지 받아야 할까?

답부터 말하자면 사람마다 다르다. 감기처럼 며칠 약 먹고 나으면 좋겠지만, 안타깝게도 정신과 치료는 그렇게 단순하지 않다. 사람은 자신이 자라온 배경, 현재 상황, 가지고 있는 재능과 결핍에 따라 같은 문제도 다르게 받아들인다. 쌍둥이라 할지라도 각자 다른 자신만의 어려움을 가진다. 치료 과정도 개인의 특성, 의지, 장단점에 따라 차이가 난다. 어떤 사람은 몇 주 만에 호전되기도 하고, 어떤 사람은 몇 달, 혹은 몇 년이 걸리기도 한다.

질환의 종류와 강도, 정신과 과거력도 치료 기간을 결정하는 중요한 요소다. 정신과 과거력에는 질환이 재발한 것인지, 재발이라면 그 전에 몇 번 발생했는지, 발생했을 때 치료를 받았는지 등이 포함된다. 일반적으로 재발 횟수가 많을수록 장기적이고 집중적인 치료가 필요하다. 치료를 받지 않았을 경우 치료 기간이 길어질 수 있으며, 치료를 받았다면 당시 효과를 보았던 약물을 먼저 사용해 치료 기간을 줄이기도 한다.

질환의 종류는 세 가지로 나누어 생각해 볼 수 있다. 먼저 일회성 에피소드에는 큰 스트레스나 상황적 위기로 인해 발생한 우울증이나 불안장애가 해당된다. 이런 경우엔 증상이 호전되고 일정 기간 안정을 유지하면 치료를 종료할 수 있다. 둘째는 재발성 질환으로 주기적으로 증상이 재발하는 양극성장애나 반복성 우울장애 같은 경우다. 이런 질환은 증상이 호전된 후에도 재발

방지를 위해 지속적인 약물치료가 필요하다. 마지막은 만성질환으로 조현병이나 일부 인격장애가 여기에 속한다. 이런 질환은 평생 관리가 필요할 수 있다. 마치 고혈압이나 당뇨병처럼 꾸준한 관리와 치료가 요구된다. 당연히 증상의 강도가 심할수록 치료 기간은 길어진다.

유지기 치료가 정서적 회복력을 키운다

치료 기간은 크게 세 부분으로 나뉜다. 바로 치료를 시작한 순간부터 증상이 안정적으로 조절되기 직전까지의 '급성기', 안정된 상태로 치료를 유지하는 '유지기', 마지막으로 치료를 중단하기 전까지 약물이나 상담의 강도를 서서히 감량하는 '감량기'다. 많은 경우 급성기를 지나 증상이 조절되면 치료를 끝내고 싶어 한다. 하지만 정신과 치료의 종료 시점을 정하는 건 생각보다 복잡하다. 단순히 증상이 사라졌다고 해서 치료를 끝내면 재발의 위험이 있기 때문이다.

정신질환에는 환경적인 요인 즉, 스트레스가 강하게 작용한다. 앞으로의 삶에서 어떤 일이 생길지 알 수 없기 때문에 '완치'를 이야기하기가 어렵다. 치료 후 증상 없이 잘 유지하다가도 취업난이나 지인의 사망 같은 스트레스를 경험할 때 재발될 수 있다. 그래서 '유지기'를 충분히 가지는 것이 중요하다. 뇌를 충분히 안정화시켜 재발의 위험을 줄이기 위한 시간이다. 질환의 재발은 신체적, 정신적으로도 큰 고통을 주지만, 경제적인 부분과 일상에도 너무 큰 손해를 입힌다. 따라서 치료에서는 증상의 경감과 더불어 재발의 예방이 굉장히 중요하다.

유지기는 단순히 안정적으로 약만 먹는 시간만을 의미하지 않는다. 정신과 진단은 시간이 지남에 따라 변할 수 있다. 초기 증상을 치료했을 때 새로운 증상이 나타나거나, 감춰졌던 증상이 나타날 수 있기 때문이다. 우울증으로 진단받았던 내담자가 유지기 중 조증 에피소드를 경험하면 진단이 조울증으로 바뀌기도 한다. 우울증을 치료한 후에도 집중력이 회복되지 않아 치료를 유지하는 과정에서 ADHD를 발견하기도 한다. 즉, 많은 사람들이 유지기에도 지속적인 증상의 변화를 경험한다. 또한 유지기야말로 상담이 꽃피는 시간이다. 증상이 안정된 상태에서 자신의 마음을 깊이 들여다보며 내면을 단단하게 다지는 시간이다. 따라서 유지기는 진단을 정교화하고 자신을 더 깊이 이해하며 정서적 회복력을 키우는 중요한 시기라고 할 수 있다.

세계보건기구 WHO는 증상을 회복한 후에도 9~12개월을 유지기로 잡고 투약과 의사의 주기적 진료를 유지하는 것이 필요하다고 권고한다. 보수적인 논문이나 기관에서는 2년을 권한다. 따라서 일반적으로 1년 이상의 유지기를 가지는 것이 안전하다.

치료의 끝은 항상 '열린 종결'이다

그렇다면 치료 종료를 결정하기 위해 중요한 것은 무엇일까? 처음 왔을 때 호소하던 주요 증상들이 대부분 사라졌거나 크게 줄어들어 기능이 회복되는 것은 기본이다. 충분한 유지기를 통해 스트레스 상황에서도 증상이 재발하지 않고 내담자 스스로 잘 대처할 수 있다는 확신과 확인도 중요하다. 대처 능력에는 필요할 때 도움을 요청할 수 있는 자기 관리 능력도 포함된다. 다시 말해 치료의 종결은 의사와 내담자가 치료를 중단해 볼만하다는 자신감을 가지는 것이 중요하다. 그리고 이 과정에서 충분한 상의가 필요하다.

의사는 치료의 경과나 검사 결과 같은 객관적인 의학 증거를 통해 종결 여부를 판단하고, 자신이 아는 것을 내담자에게 충분히 설명해야 한다. 내담자는 스트레스 대응 연습이나 위기 대처 방법을 준비하고 일상의 루틴을 잘 지켜내는 것 등을 통해 종결 준비를 하고, 자신의 상황과 종결을 앞둔 마음의 변화를 의사에게 전달하는 것이 필요하다.

다만 종결에 대한 확신이 들었다고 해서 치료를 갑자기 중단하는 것은 위험하다. 특히 약물치료의 경우, 갑작스러운 중단은 부작용을 일으킬 수 있다. 마치 달리는 자동차의 시동을 갑자기 꺼버리는 것과 같다. 종결은 단계적으로 천천히 시행해야 한다. 약물의 용량을 서서히 줄이면서 상태를 지켜보고, 상담 횟수도 점진적으로 줄여나간다. 이 과정에서 증상이 다시 악화되면 이전 단계로 돌아가 치료를 유지한다.

마지막으로 치료가 종료되더라도 완전히 병원과 단절되는 건 아니다. 정기적인 점검이나 필요 시 상담을 받을 수 있도록 '열린 종결'을 하는 경우가 많다. 마치 정기 건강검진을 받는 것처럼, 때때로 자신의 정신건강 상태를 체크하는 것이다. 치료가 끝나면 병원은 돌아보지도 않을 것 같지만 사실은 이런 열린 종결이 심리적 안전망을 제공한다. 살다 보면 언제든 힘들어질 수 있다. 그럴 때 혼자 끙끙 앓고 고민하기보다 나를 잘 알아주는 전문가의 도움을 받을 수 있다는 것을 아는 것만으로도 큰 위안이 된다.

약 말고

다른 치료 방법은 없을까?

정신과에서는 약물치료 외에도 다양한 치료 방법이 사용된다. 비약물적 치료에는 정신치료, 인지행동치료(CBT), 변증법적 행동치료(DBT) 등이 있으며, 기계를 이용한 치료 방법도 존재한다. 이러한 치료법들은 약물치료만으로 충분한 효과를 보지 못했거나, 내담자의 상태와 선호도에 따라 단독으로 또는 병행해 적용한다.

정신치료

정신치료는 분석치료와 지지치료로 나눌 수 있다. 지지치료는 대부분의 외래 환경에서 이루어지는 상담을 말한다. 내담자의 현재 상황에 초점을 맞추어 정서적 지지와 실질적인 조언을 제공하는 치료법이다. 적극적인 경청, 공감, 격려, 문제 해결 지원 등의 기법을 사용하며, 내담자의 자아 강도를 높이고 적응 능력을 강화하는 것을 목표로 한다. 지지치료보다 더 구조화된, 정신치료의 뿌리라고 할 수 있는 치료가 분석치료다.

분석치료

    K는 반복되는 대인관계 문제로 분석치료를 시작했다. 치료 6개월 차에 치료자는 2주간의 휴가를 떠난다는 사실을 고지했다. K는 당연한 일이라며 알겠다고 했지만 막상 치료자의 휴가 기간이 되자 예상치 못한 강한 분노와 불안을 경험했다. 치료자가 돌아온 후, K는 치료자에게 느낀 분노를 이야기했다. 이 분노를 탐색하는 과정에서 치료자는 K의 이러한 반응이 과거의 경험(어린 시절 부모의 이혼을 겪으며 버림받았다는 느낌을 받음)과 어떻게 연결되는지 해석해 주었고, K는 자신의 감정 반응을 더 깊이 이해하게 됐다. 이 경험을 통해 K는 현재 자신의 대인관계 문제가 어린 시절의 상처와 어떻게 연결되는지 생생하게 체감할 수 있었다. 또한 타인과의 관계에서 분리나 거리감을 경험할 때 자신이 어떤 패턴으로 반응하는지 인식하게 됐다. K는 "이제 누군가와 거리감을 느낄 때마다 버림받았다고 단정 짓지 않고, 그 상황을 더 객관적으로 볼 수 있게 됐다."고 보고했다.

    분석치료는 '무의식적 갈등'과 '방어기제'를 탐색해 스스로에 대한 이해를 높이는 것으로 문제를 해결한다. 과거의 경험을 살펴보면서 현재 겪고 있는 어려움을 해결할 실마리를 찾는다. 어떤 경험이 현재의 생각, 감정, 행동에 영향을 미쳤는지 찾아본다.

어릴 때 자주 혼났던 아이는 어른이 돼서도 다른 사람들의 반응에 더 민감할 수 있다. 또는 어릴 때 충분한 관심을 받지 못했다면, 관계에서 더 많은 확신과 인정을 원할 수 있다.

분석치료는 내담자와 치료자 사이에서 발생하는 실시간의 생생한 감정(이것을 '전이'라고 한다.)과 관계 패턴을 중요하게 다룬다. 예를 들어, 내담자가 치료자의 마음에 들려고 노력한다면, 다른 관계에서도 비슷한 행동을 할 것이라 예측할 수 있다. 이때 치료자는 단순히 "당신은 이러이러한 사람입니다." 하고 해석하는 것으로 끝내지 않는다. 많은 경우 우리는 무언가를 머리로 알아도 변하지는 않는 경험을 한다. 분석치료는 이런 간극을 좁히기 위해 치료 중에 실시간으로 느끼는 감정을 이용한다. 치료자와의 관계에서 일어나는 생생한 감정을 알아차리고 해석하면, 머리가 아닌 마음으로 자신을 이해하게 되고, 이를 과거 경험과 연결 지어 더 깊은 수준의 변화를 이끌어낼 수 있다. 이러한 과정을 통해 단순한 지적 이해를 넘어 정서적, 행동적 변화까지 가능하게 되는 것이다. 다시 말해 분석치료가 효과적인 이유는 내담자가 치료 과정에서 생생한 감정을 직접 경험하면서 그 의미를 깨달을 수 있기 때문이다.

다만 분석치료의 특성상 치료 기간이 길다. 50분~1시간 세션을 주 1~5회로 수년간 지속한다. 또한 비급여로 진행되는 경우가 많아 치료비를 감당할 수 있어야 하고, 스스로를 탐구하고자 하는 강력한 동기가 있는 사람들에게 적합하다. 분석치료가 필요한 경우 대한정신분석학회 홈페이지에서 전문의원을 조회할 수 있다.

2

인지행동치료

(CBT; Cognitive Behavioral Therapy)

E는 발표 때마다 경험하는 극심한 불안 때문에 병원을 찾았다가 인지행동치료를 시작했다. 치료 과정에서 E는 '모든 사람이 나를 모자란다고 생각할 것이다.'라는 비합리적 믿음을 발견했다. 치료자와 함께 이러한 사고의 근거를 검토하고, 더 균형 잡힌 생각('일부 사람들은 내 발표에 관심이 있을 것이고, 일부는 그렇지 않을 수 있다.')으로 대체하는 연습을 했다. 또한 점진적 노출 기법을 사용해 작은 그룹부터 시작해 점차 더 많은 청중 앞에서 발표하는 연습을 했다. E의 사회불안 증상은 크게 감소했고, 직장에서의 수행 능력도 향상됐다.

인지행동치료는 부적응적 사고와 행동 패턴을 인식하고 수정하는 데 중점을 둔다. 자신의 생각, 감정, 행동의 연관성을 이해하고, 비합리적 사고를 찾아 수정하는 법을 배운다. 나쁜 경험을 연이어 하다 보면, 새로운 상황을 마주했을 때 비관적으로 해석하는 경우가 많다. 인지에 왜곡이 생기기 때문이다. 모든 자극을 부정적으로 받아들이다 보니 걱정도 늘어나고 쉽게 우울해진다. 인지행동치료는 이런 인지 왜곡을 수정하는 데 중점을 둔다. 이 치료는 실생활에서의 적용을 강조하며, 과제를 통해 새로운 대처 기술을 연습한다.

변증법적 행동치료

(DBT; Dialectical Behavior Therapy)

J는 1년 전 갑작스러운 사고로 아들을 잃은 후 극심한 애도 반응을 보이며, 지속적인 슬픔, 일상생활 기능의 저하, 사회적 고립을 경험하고 있었다. 특히 '내가 행복해지면 아들을 배신하는 것'이라는 왜곡된 생각에 사로잡혀 있었다.

병원을 찾은 J는 변증법적 행동치료를 시작했다. 마음챙김을 통해 지금 이 순간에 집중하는 법을 배우고, 슬픔에 압도될 때 호흡에 집중하거나 감각을 관찰하는 연습을 통해 현재로 돌아오는 방법을 익혔다. 힘든 순간을 견디는 방법도 배웠다. 특히 아들과의 추억이 떠오르는 장소나 상황에서 자기 위로 기술을 사용해 극심한 고통을 관리하는 법을 익혔다. 치료 후에도 여전히 슬픔은 느끼지만, J는 그 감정을 수용하면서도 삶을 이어나갈 수 있게 됐다. '행복한 순간을 있는 그대로 느끼는 것이 아들을 기리는 또 하나의 방법이 될 수 있다.'는 새로운 관점을 갖게 됐다.

변증법적 행동치료는 정서 조절, 대인관계 효율성, 고통 감내력, 마음챙김 기술의 향상에 중점을 둔다. 자신의 감정과 행동을 이해하고, 극단적인 반응을 조절하는 법을 배운다. 정서적으로 불안정한 사람들은 종종 감정에 압도돼 충동적인 행동을 하거나 대인관계에서 어려움을 겪는다. 변증법적 행동치료는 이러한 패턴을 인식하고 변화시키는 데 초점을 맞춘다. 감정을 인정하면서도 동시에 변화를 추구하는 '수용과 변화'의 균형을 강조한다. 특히 경계선 성격장애, 자살사고, 약물 남용 등 복합적이고 만성적인 정신건강 문제에 효과적이다.

기계를 이용한 치료 방법

전기경련 치료(ECT: Electroconvulsive Therapy)

영화나 드라마에서 처벌적인 형태로 많이 표현되어 거부감이 심한 전기경련 치료는 약을 사용하기 어려운 임산부에게도 사용할 수 있을 정도로 안전하고 효과적인 치료 방법이다. 양쪽 관자놀이에 전극을 연결해 순간적으로 자극을 줘 일시적인 경련을 유발한다. 이 약한 경련은 뇌를 재부팅하는 역할을 해준다. 경련으로 인한 고통을 방지하기 위해 마취 상태로 수술실에서 진행된다. 그래서 주로 대학병원이나 일부 정신과 전문병원에서만 가능하다. 10회 이상 받아야 효과가 있는 편이고, 입원해 진행하는 경우가 많아 비싼 것이 단점이다. 그럼에도 약물치료에 반응하지 않는 우울증, 조현병, 심한 자살사고 등으로 고통을 겪는 이들에게 사용할 수 있는 효과적이고 고마운 수단이다. 부작용으로 일시적인 기억 상실과 두통이 있을 수 있지만 대체로 6개월 이내에 회복된다.

경두개자기자극 치료(rTMS)

영상기술의 발달로 우울증 내담자들의 경우 좌측전두엽의 기능이 떨어진다는 것을 발견했다. 이 부분에 어떻게 자극을 줄 수 있을지 고민하다 나온 방법이 rTMS다. 코일 기계로 머리뼈 아래에 있는 뇌까지 자기장을 보내 뇌에 자극을 줘 기능을 되살린다. 우울 이외에 신경성 통증, 불안, 강박, 공황, 중독에도 효과가 있다는 연구 자료가 있다. 방법은 의자에 앉아서 머리에 코일 기계를 위치시킨 뒤 20~40분간 프로그래밍된 자기장을 주는 것이다. 편히 앉아있으면 되고, 치료 후에도 가벼운 두통 외에 큰 부작용이 없어 부담이 적다. 덕분에 임산부같이 약물치료가 어려운 경우 많이 사용하며, 2가지 이상의 항우울제를 사용해도 효과가 없는 치료저항성 우울에도 시도해 볼만하다. 일반적으로 3~4주간 주 5회, 하루 30분, 최소 15~20회를 시행하는 경우가 많으나 치료자에 따라 달라질 수 있다.

광 치료(Light Therapy)

빛이 부족한 북위도 국가에서 우울증 발생률이 높고, 겨울철에 계절성 우울증 발병률이 높아진다는 사실이 발견된 후, 우울증과 빛의 상관관계에 대한 연구로 나온 치료다. 계절성 우울증만이 아닌 전반적인 우울증과 양극성장애에도 효과가 있으며, 혈액순환 개선, 세포 에너지 생산 촉진, 염증 감소 및 통증 관리에도 효과가 있다. 정확한 기전은 밝혀지지 않았지만 생체시계를 관장하는 시교차 상핵과 연관이 있을 것으로 생각된다.

시교차 상핵은 눈으로 들어오는 햇빛으로 생체리듬, 수면리듬과 기분을 조절한다. 우울증의 경우 시교차 상핵의 기능이 떨어질 것으로 예측되므로 광 치료를 통해 기능을 활성화시키면 치료 효과를 높일 수 있을 거라는 점에서 착안한 치료법이다. 광 치료를 위해서는 40~60cm 떨어진 위치에서 10,000럭스(lux, 빛을 측정하는 단위) 이상의 강한 빛을 20~30분가량 쐬어주면 된다. 매일 일정한 시간에 빛을 쐬어 생체리듬을 만드는 것이 가장 효과적이다. 광 치료 기계는 가정에서 쉽게 구입할 수 있고 가격도 많이 비싸지 않다.

이외에도 최면 치료, 사이코드라마(심리극)같이 예술적 도구를 이용한 치료 등이 존재한다.

보호자나 친구가

치료 과정에 참여하는 방법

사랑하는 가족, 친구, 동료, 애인이 정신과 치료를 받는다는 사실을 알게 되면 당황스러울 수 있다. 우울, 조울, 공황, 불안, 중독에 이르기까지, 가족이나 가까운 친구가 이런 어려움을 겪고 있다는 사실을 알았을 때 어떻게 대처해야 하느냐는 질문을 많이 받는다. 이런 상황에서 놀라고 어찌할 바를 모르는 것은 무척 자연스러운 반응이다. 어디서도 배워본 적이 없으니 곤욕스럽고 당황스러운 것이다. 정신과 치료에서 보호자나 친구, 선후배 같은 지인의 지지를 받고 그들이 치료 과정에 참여하는 것은 생각보다 무척 중요하다. 사랑하는 사람이 정신과 치료를 받게 됐다면, 나는 어떻게 도울 수 있을까? (편의상 호칭은 보호자로 통일하겠다.)

지지하고 경청하기

지지와 경청은 절대적이고 매우 중요하며, 가장 어렵고 힘든 일이기도 하다. 지지와 경청은 내담자의 편에 서서 듣고 또 들어주는 일이다. 연구에 따르면 보호자의 적극적인 지지가 있는 경우 치료 효과가 40% 이상 증가한다. 문제는 어떻게 하느냐에 있다. 안타까운 마음에 격려와 응원을 한다고 말을 건네다가 오히려 상처를 주는 경우를 많이 본다. 너무 아끼는 마음에 화분에 물을 많이 주면 과습으로 죽는다. 말도 그렇다. 치료를 받는 사람에게 굳이 많은 말을 던질 필요는 없다. 사실 말을 많이 하는 것은 자신의 불안 때문인 경우가 많다. 그냥 잘 들어주자. 듣다 보면 말을 고쳐주고 싶고 지적하고 싶은 순간이 생길 것이다. 그럼에도 끊지 말고 끝까지 듣자. 상대방은 당신의 촌철살인이 필요한 게 아니다. 자신이 가장 약한 속내를 드러냈을 때 묵묵히 받아주며 함께해 주는 사람이, 그 순간이 필요한 것이다. 무엇보다 끝까지 들어야 생각의 흐름이 보인다. 지레짐작하거나 성급하게 결론을 내지도 말자. 이해한다며 자기 얘기를 시작하지도 말자.

아무 말도 하지 말라니 그럼 무슨 말을 해야 할까? 나를 믿고 이야기해 줘서 고맙다고 전달하자. 약하고 불안하고 우울한 마음은 정말 믿는 사람에게만 꺼낼 수 있다. 누군가 자기가 정신과 치료를 받는다고 당신에게 공유한다면 당신을 정말 믿는 것이다. 그 믿음을 고마워하자. 그리고 어떤 순간이든 나는 너의 편이라고, 돕고 싶다는 마음을 전하자. 이해되지 않는데 다 이해한다고 말할 필요는 없다. 다만 상대의 마음을 이해하고 싶다면 정신과 의사처럼 질문해 보자. "그럴 때 어떤 생각이 들었어?" "그럴 때 네 마음은 어때?" 하고 사실이 아닌 마음을 물어보자.

노파심에 꼭 피해야 할 말을 언급해야겠다. 이런 말은 정말 피하자. 상대의 상태를 의심하고 평가하는 말은 하지 말자. "정

270

말 아픈 거 맞아? 그냥 게으른 거 아니야?" "너만 힘든 거 아닌데 왜 그렇게 유난이야?" 많은 사람들이 자신이 이해하지 못하는 것을 잘못됐다고 생각하고 거침없이 표현한다. 그러나 당신이 병을 이해하지 못하는 것은 당신의 문제다. 사랑하는 상대방이 아픈 것에 화가 나는 마음은 이해하지만 그 화를 당사자에게 퍼붓는 것은 별개의 문제다. 사실을 받아들이는 것이 불안해서 별일 아닌 것처럼 넘겨버리고 싶은 마음도 이해는 가지만 결과는 상대의 입을 막아버릴 뿐이다. 그러니 상대를 평가하는 말은 절대로 하지 말자.

지나치게 압박하는 말도 하지 말자. "긍정적으로 생각해." "밖에 나가서 사람도 만나고 좀 해봐." "좀 좋아졌어? 언제까지 치료받아야 해?" 같은 말은 모두 압박이다. 상대방의 속도를 기다리는 것이 중요하다. 먼저 얘기하기 전까지, 조언을 구하기 전까지 충고와 조언은 그냥 하지 말자. 특히 자신의 걱정을 이야기하지 말자. "약이 부작용이 많다더라." "네가 아프다니까 나까지 불안해." 등 자신의 불안을 굳이 상대방에게 떠넘기지 말자. 당신의 불안이 아무리 크더라도 당사자에게 비할 수는 없다.

내담자의 상태를
객관적으로 관찰하고 전달하기

내담자 본인은 자신의 상태를 정확히 인지하지 못하는 경우가 많다. 우울증 내담자는 자신이 얼마나 무기력한지, 불안증 내담자는 얼마나 초조해하는지 잘 모를 수 있다. 이럴 때 보호자의 관찰이 중요한 정보가 된다. 내담자가 허락하고 도움을 구한다면 수면 패턴의 변화, 식습관의 변화, 일상생활의 변화, 감정 표현의 변화를 확인해서 의사에게 전달하면 더 정확한 진단과 치료에 도움이 된다. 연구에 따르면, 보호자의 관찰 정보가 포함된 경우 진단의 정확도가 30% 이상 향상된다고 한다.

인내심을 가지고 함께하기

인내심을 가지고 함께하는 것도 중요하다. 정신과 치료는 마라톤인 경우가 많다. 진전이 더디게 느껴질 수도 있고, 앞으로 전진한 듯하다가도 후퇴하길 여러 번 반복할 수 있다. 이때 주변인들의 인내심이 중요하다. "이제 좋아졌어? 완전히 나은 거야?" 하면서 빠른 회복을 기대하거나 재촉하지 말자. 내담자의 속도를 존중해야 한다. 대신 작은 진전에도 의미를 부여하고 격려하

자. 어제는 못 버렸던 쓰레기를 오늘은 버렸다면 박수 치며 응원하자. 실패했어도 시도했다면 응원하자. 내담자가 좌절할 때 함께 버텨주고, 희망을 잃지 않도록 지지해 주는 것이 중요하다. 재발이나 증상 악화가 있을 때도 비난하거나 실망하지 말자. 그 누구보다 좌절스러운 건 내담자다. 마음의 병은 뇌의 병이다. 의지로 되는 게 아니라는 걸 주변인들도 꼭 이해해야 한다. 특히 치료를 받고 유지하는 것은 정말 대단한 일이다. 당신이 정신과 치료에 대해서 두려워하고 걱정하는 것보다 딱 10배만큼 내담자들은 더 두렵다. 그럼에도 좋아지기 위해서 시간과 돈과 노력을 들여가며 치료를 받는 것이다. 그 대단함을 귀하게 여기자. 약물치료의 경우 갑자기 약을 끊지 않도록 응원해 주는 게 필요하다. 일반적으로 정신과 약물은 효과가 나타나는 데, 자신에게 맞는 약을 찾는 데, 용량을 맞추는 데 시간이 많이 걸리는 편이다. 이 지난하고 힘든 과정을 포기하지 않도록 격려해 준다면 치료에 큰 역할을 하고 있는 것이다.

이해하기 위해 공부하기

주변인들이 내담자의 치료를 지지하고, 충분히 이해하기 위해서는 '공부'가 필요하다. 아무것도 모르는 미지의 것을 좋다고

273

믿고 권할 수는 없는 노릇이다. 아무것도 모르는 상황에서 긍정만 하는 것은 맹목적인 낙관에 지나지 않는다. 질병에 대해서, 치료에 대해서 어느 정도 알아야 상대를 온전히 이해하고 위로할 수 있다. 정신질환이 어려운 이유는 병과 사람을 따로 보기 어렵다는 데 있다. 쉽게 말해 병 때문에 하는 말, 행동, 생각을 그 사람 자체의 것으로 느끼기 쉽다. 그냥 내담자가 나쁜 사람, 답답한 사람이 돼버리는 것이다. 그래서 병을 미워하기보다 사람을 미워하게 된다. 자꾸 우울한 얘기를 하고, 냉소적인 얘기를 하며, 부정적으로 모든 것을 해석하는 내담자의 말은 상대의 어두운 부분을 건드리기도 한다. 그게 너무 힘들어서 화가 날 수도 있다. 그럴 땐 이것이 증상이라는 것을 이해하는 게 중요하다. 인내심을 가지려면 이해해야 하고, 이해하려면 공부가 필요하다. 특히 공부가 중요한 이유는 나도 모르게 가지고 있는 정신과에 대한 편견을 버리기 위해서다. 이때 검증된 지식을 학습하는 것이 큰 도움이 된다.

이미 시중에 정신질환에 대한 좋은 책이 많이 있다. 대중서부터 시작하자. 뇌의 작동에 대한 책, 각 질병에 관한 책뿐만 아니라 투병기와 정신과 내담자를 가족으로 둔 작가의 책도 좋다. (책의 마지막에 자신에게 맞는 책을 찾는 방법을 짧게 소개해 놓았다.)

보호자 자신의 정신건강 관리하기

앞서 이야기한 것들이 결코 쉽지만은 않다. 무엇보다 사랑하는 사람이 정신질환을 진단받았다는 이야기를 들었을 때부터 당신의 마음은 어지러울 것이다. 나도 모르게 가지고 있던 정신과에 대한 편견이 그 당황스러움을 증폭시킬 수도 있다. 왜 이런 일이 내 주변에서 일어났는지 화가 날 수도 있고, 다른 사람들이 어떻게 볼지 겁이 날 수도 있다. 보호자라면 나 때문에 문제가 일어난 것 같아 자책감이나 수치심을 느끼기도 하고 불안하기도 할 것이다. 치료 과정이 얼마나 길지, 얼마나 힘들지, 어떻게 함께해야 할지 혼란스러울 수도 있다. 그래서 당신은 당신을 잘 돌봐야 한다. 당신이 지치면 내담자에게도 좋지 않다. 경우에 따라 당신도 상담을 받아야 할 수 있다. 정신과에 대한 편견을 버리고 정신질환이 뇌의 질환인 것을 기억하자. 다른 신체질환과 똑같이 치료가 필요한 질환일 뿐이다.

내가 얼마나, 어떻게 도와줄 수 있는지 한계를 파악하고 인정하는 것도 중요하다. 사랑하는 사람이 아프다고 하면 뭐든 해주고 싶은 게 인지상정이다. 하지만 모든 문제를 내가 해결해 줄 수는 없다. 내가 할 수 있는 범위 안에서 최선을 다하는 것이 최고다. 경제적, 심리적 한계를 설정하고 다만 최선을 다해 지키자. 무너지지 말자. 정신과 치료는 내담자와 보호자, 의료진이 함께하는 팀워크다. 각자의 역할을 잘 이해하고 협력하는 것이 중요하다. 그러니 보호자도 내담자와 충분히 대화를 나누고, 내담자의 동의를 얻어 치료자와도 대화를 나누는 게 좋다. 보호자의 이해와 지지가 내담자의 회복에 결정적인 역할을 한다는 걸 잊지 말자. 당신은 지금 사랑하는 사람의 가장 어려운 시기에 가장 중요한 일을 하고 있다.

치료 이외에

함께하면 좋은 것들

전문적인 치료가 필요할 때는 주저 없이 정신과를 찾아야 한다. 하지만 정신과 치료를 받는 것에서 끝내서는 안 된다. 우리의 일상은 치료를 받는 시간보다 훨씬 길다. 일상에서 스스로 정신건강을 관리하는 방법들을 찾아 익혀야 치료도 빨리 되고, 재발을 막는 데도 큰 도움이 된다.

명상
뇌를 재설계하는 마음 운동

명상은 현대 사회에서 정신건강을 유지하고 삶의 질을 높이는 중요한 도구다. 명상의 핵심은 지금 여기, 지금 이 순간에 집중하는 것이다. 우리 뇌는 보통 과거의 후회나 미래의 걱정으로 가득 차 있다. 명상은 이런 뇌에게 잠시 '지금 여기'에 머물도록 훈련시킨다. 다르게 말하면 자동적 사고와 반응성을 낮추는 것이다. 우리의 의식에는 습관화된 생각인 자동적 사고가 있는데, 이는 문제가 생기면 반복적으로 나타나 부정적인 영향을 미친다. 명상은 이러한 자동적 사고를 인식하고 멈출 수 있는 능력을 기르는 방법이다. 또한 스트레스 감소, 감정 조절 능력 향상, 집중력 증진, 불안과 우울감 감소, 자기 인식 증가 등에도 도움이 된다. 명상의 효능은 과학적으로도 입증되었는데, 뇌 영상 연구에 따르면 명상은 스트레스와 관련된 뇌 영역의 활동을 감소시키고, 집중력, 감정 조절과 관련된 영역의 활동을 증가시킨다. 또한 면역 체계를 강화하고 혈압을 낮추는 등 신체적 건강에도 긍정적인 영향을 미친다. 뇌 구조 자체도 변화하는데 2011년 하버드 의대 연구에 따르면, 8주간의 마음챙김 명상 후 참가자들의 뇌 구조가 변화했다. 특히 학습, 기억, 감정 조절과 관련된 해마의 회백질 밀도가 증가했고, 스트레스와 관련된 편도체의 크기는 감소했다.

명상은 어떻게 시작하면 될까? 수백 가지의 명상법이 있지만 가장 쉬운 방법은 '호흡 명상'이다. 편한 자세로 앉아 들숨과 날숨에 집중해 보자. 우리는 생각보다 무언가에 골똘하게 집중해 본 적이 없다. 호흡에 집중하라는 말이 당황스러울 것이다. 그러나 세상에 같은 호흡은 없다. 매 순간 호흡의 깊이, 박자가 다르다. 공기의 온도, 습도, 냄새가 다르다. 들어오는 공기와 나가는 공기도 성질이 바뀐다. 호흡 자체에 충분히 집중하면 호흡과 호흡 사이의 공백도 깨닫게 된다. 이때 중요한 건 딴 생각이 떠올랐을 때 판단하지 말고 그냥 지나가게 두는 것이다. 내가 다른 생각을 했다는 것을 깨닫고 다시 호흡에 집중하면 된다. 가끔 떠오른 생각이 너무 아깝고 중요한 것 같아 불안해하는 경우가 있다. 필요한 생각이라면 또 떠오를 것이다. 내가 휴식하려고 할 때 나의 불안은 내 휴식을 어떻게든지 방해하려고 한다는 점을 기억하자. 처음에는 하루 3분으로 시작해 20~30분 정도까지 늘려보자.

심호흡

언제, 어디서나 할 수 있는 스트레스 해소법

앞서 스트레스를 받으면 교감신경이 지나치게 활성화된다고 했다. 이때 몸을 안정화시키기 위해서는 부교감신경을 자극해야 하는데 가장 빠르고 쉬운 방법이 심호흡이다. 호흡은 두 가지로 나뉜다. 교감신경을 자극하는 얕고 빠른 흉식호흡과 부교감신경을 자극하는 깊고 느린 복식호흡이다. 흉식호흡은 비효율적이고 피로를 일으키는 반면, 복식호흡은 효율적인 산소 교환을 돕고 몸을 이완시킨다. 많은 연구들이 천천히 깊게 숨을 쉬는 것만으로도 스트레스 호르몬인 코르티솔 수치가 감소하고, 긍정적인 감정이 증가한다는 것을 증명했다. 복식호흡은 조금만 연습하면 누구나 쉽게 할 수 있다. 다만 처음에는 익숙하지 않을 수 있으니 도움이 될 수 있는 요령을 몇 가지 알아보자.

1 자세 먼저 자세는 배가 들어가고 나오는 것을 느끼기 위해 허리를 펴고 편안하게 앉는 것이 좋다. 너무 꼿꼿하게 힘을 줄 필요는 없다. 편안한 자세에서 편안한 숨이 나온다. 다만 허리가 구부정해지면 호흡을 방해할 수 있으니 주의하자. 한 손은 배 위에 한 손은 가슴 위에 올려둔다. 신체 부위의 어디가 움직이는지 조금 더 확실하게 느끼기 위해서다. 배를 풍선이라고 생각하면서 숨을 천천히 들이쉰다. 배가 부풀면서 배 위의 손이 밀려나오는 것을 느낀다. 동시에 가슴 위의 손은 움직임 없이 가만히 있다는 것도 느껴보자.

2 속도 복식호흡을 하는 이유는 깊은 숨을 천천히 쉬기 위함이다. 처음에는 5초 동안 들이마시고, 2초를 멈췄다가, 7초 동안 내뱉는 속도가 적절하다. 하다 보면 자신에게 더 잘 맞는 속도를 찾게 된다. 여유를 가지고 천천히 들이마시고 내쉬어 보자. 너무 무리해서 깊게 쉬려고 하면 어지러울 수 있다. 차근차근 자신에게 맞는 느린 호흡을 찾는 게 중요하다.

3 빈도 하루에 세 번, 한 번에 5분씩 연습하면서 익숙해지면 횟수와 시간을 늘린다. 이것이 원칙이다. 한 번에 5분씩 집중하기 어려울 수 있다. 그럴 땐 이렇게 생각해 보자. 들이마시기 5초, 숨 참기 2초, 내쉬기 7초면 한 번의 호흡에 14초가 걸린다. 대략 20번만 호흡하면 5분이다. 하루에 세 번, 한 번 할 때마다 깊은 호흡을 20번만 쉰다고 생각하면 마음이 조금 가벼워진다. 습관이 될 때까지 일정한 시간을 정해놓자. 대체로 식사 후가 세 번을 지키기 편하지만 가장 편하게 할 수 있는 다른 시간을 정해도 좋다.

다시 말하지만 호흡의 부위와 속도가 가장 중요하다. '빨리빨리'에 익숙한 우리들은 복식호흡조차 빠르게 하려고 하기 일쑤다. 천천히, 깊게. 이 두 가지가 이완을 위한 호흡의 핵심이다.

점진적 근육이완법
몸과 마음의 긴장을 푸는 기술

몸의 근육이 긴장하면 뇌는 이를 스트레스 신호로 인식한다. 반대로 근육이 이완되면 뇌도 안정 상태로 들어간다. 점진적 근육이완법은 이 원리를 이용해 의도적으로 근육을 긴장시켰다 이완시킴으로써 전체적인 이완 상태를 유도한다. 따라서 점진적 근육이완법은 불안, 우울, 수면장애 개선에 효과적이다. 특히 점진적 이완법을 통해 몸의 긴장을 스스로 조절할 수 있게 된다는 것이 큰 장점이다. 내 몸의 조종사가 되는 것이다. 불안하거나 스트레스를 받을 때 어깨가 올라가고 목이 뻣뻣해지는데 잘 모르고 지나갈 때가 많다. 점진적 근육이완법을 익히면 이런 신체 반응을 알아차리고 그 부위를 이완하면서 스스로의 신체 반응을 조절할 수 있게 된다.

어떻게 하면 될까? 편안하게 눕거나 앉은 상태에서 시작하며 주로 발부터 시작해서 점점 위로 올라간다. 발 → 종아리 →

허벅지 → 엉덩이 → 배 → 가슴 → 팔 → 어깨 → 목 → 얼굴 순서
가 일반적이다. 이때 각 부위를 5~10초간 꽉 쥐었다가 10~20초
간 이완하는 걸 반복한다. 이완되는 근육이 얼얼한지, 당기는지,
따뜻한지, 무거운지 자신만의 느낌을 찾아보자. 힘을 줄 때는 쥐
가 나거나 아프지 않은 정도로만 하는 게 좋다. 특히 어깨나 종아
리는 쥐가 나기 쉽다. 쥐가 날 것 같으면 바로 힘을 빼고 이완시
키자. 혼자 하기 어렵다면 유튜브에 점진적 근육이완법을 검색
하면 많은 영상이 나온다. 그중 마음에 드는 것을 따라서 하는 것
이 가장 편한 방법이다.

운동

뇌를 깨우는 천연 항우울제

　운동은 단순히 체중 감량이나 체력 증진만을 위한 게 아니다.
정신건강에도 놀라운 효과가 있다. 운동은 우리 뇌의 세로토닌,
도파민 같은 신경전달물질 분비를 촉진하고, 스트레스 호르몬인
코르티솔은 감소시킨다. 결과적으로 기분이 좋아지고 안정되며
스트레스가 줄어든다. 또 운동은 뇌의 구조를 건강하게 바꿔준
다. 연구에 따르면 단 6개월만 유산소 운동을 해도 전두엽 피질
두께가 증가한다. 전두엽은 감정 조절, 의사결정 등을 담당하는

중요한 부위인데 이 부위가 강화되는 것이다. 기억과 학습을 담당하는 해마 부위도 커진다. 두 부위 모두 우울증을 앓을 때 줄어드는데 운동을 하면 이를 방지하고 회복하는 효과를 얻을 수 있다. 마지막으로 운동은 성취감을 준다. 처음에는 5분도 힘들었던 움직임을 점점 늘려가는 과정에서 자신감과 성취감이 따라온다. 이런 긍정적인 경험은 우울감을 이기는 데 큰 도움이 된다.

어떤 운동을 해야 할까? 꼭 격렬한 운동일 필요는 없다. 2018년에 발표된 메타분석 연구에 따르면, 걷기나 조깅 같은 중강도 유산소 운동이 우울증 증상 개선에 가장 효과적이었다. 빈도는 일주일에 3~5회, 한 번에 30~45분 정도가 적당하다. 자율신경 불균형이 심한 사람이라면 인터벌 운동을 추천한다. 인터벌 운동이란 고강도 운동과 저강도 운동을 번갈아 수행하는 운동이다. 쉽게 말해 3분 빠르게 걷기와 3분 느리게 걷기를 반복하는 것이다. 빠르게 걸을 때는 숨이 차고 심장이 두근거릴 정도로 걷는 것이 좋고, 느리게 걸을 때는 숨을 고르며 천천히 걸으면 된다. 3분이 힘들다면 1분으로 시작해도 좋다. 인터벌 운동이 아니더라도 운동은 자율신경계의 균형을 잡는 데 도움이 된다.

다만 긴장도가 높은 사람이라면 운동 후에 반드시 스트레칭을 통해 추가적으로 몸을 풀어주자. 특히 헬스같이 근육에 힘을 많이 주는 운동을 했다면, 운동을 한 시간만큼 스트레칭에도 시간을 쓰자. 자율신경계의 불균형이 심하면 운동으로 생긴 긴장을 잘 못 푸는 경우가 있기 때문이다. 심호흡을 하며 스트레칭을 통해 부교감신경이 충분히 작동하게 하자.

감사일기
행복 저금통 만들기

감사일기는 그날 느낀 감사한 일들에 초점을 맞춰 쓰는 일기다. 세계적인 방송인으로 유명한 오프라 윈프리는 감사일기를 정신건강의 비결로 꼽았다. (다른 하나는 앞서 말한 명상이었다!) 감사일기가 왜 도움이 될까? 먼저 긍정적인 경험에 주목하는 습관을 길러준다. 연구에 따르면, 10주간 매주 5가지 감사한 일을 적은 그룹이 그렇지 않은 그룹보다 더 낙관적이고 행복감을 느꼈다. 단 3주만이라도 매일 감사일기를 쓰면 스트레스 수준과 우울증상이 크게 감소한다.

감사일기는 자아 존중감도 높여준다. 세계적인 운동선수들의 멘탈트레이닝에 감사일기가 들어있는 경우가 많다. 뇌는 자기가 집중하고 믿는 것에 대한 증거를 수집하는 특징을 가지고 있다. 내가 감사해야 하는 것에 집중하면 뇌는 감사할 것을 더 잘 찾아내고, 내가 원하는 방향대로 삶의 방향을 바라볼 수 있다.

마지막으로 감사일기는 '긍정적 재평가'를 가능하게 한다. 감사 연습은 부정적인 경험을 긍정적으로 재해석하는 능력을 향상시킨다. 즉, 어려운 상황에서도 의미나 배움을 찾을 수 있게 된다. 시련조차 자기편으로 만드는 사람들의 특징은 이 긍정적 재평가 능력이 높다는 데 있다.

감사일기는 어떻게 쓰는 걸까? 자기 전 5~10분 정도 시간을 내자. 그리고 하루 중 감사한 일을 3~5가지 정도 구체적으로 적어보자. 작은 일도 좋다. 맛있는 커피를 마셨다거나, 길에서 친절한 사람을 만났다거나 하는 사소한 일들도 좋다. 처음에는 뭘 써야 할지 막막할 때가 많다. 그러나 점차 내가 의식하지 못했던 것들 중에서 감사할 것들이 생각날 것이다. 우리는 잃어버리기 전까지 가지고 있던 것의 소중함을 잘 깨닫지 못하는 경우가 많다. 잠을 못 자는 사람은 단잠의 소중함을 알고, 인연을 놓친 사람은 그제야 상대의 자리를 느낀다. 감사일기는 이런 가지고 있는 것에 집중하는 연습이기도 하다. 우리가 당연하게 여기던 것들의 가치를 재발견하게 해주는 것이다. 마치 행복의 저금통과 같다. 매일 조금씩 감사한 마음을 적립해 두자. 어려운 시기를 견딜 수 있는 힘이 생길 것이다.

이 밖에도 봉사 활동, 지역사회 활동, 친구와의 대화 같은 사회적 연결 활동, 산책, 등산, 화분 가꾸기 같은 자연과의 교감 활동, 생산성이나 업무에서 벗어나 나만의 취향과 즐거움을 찾는 취미 활동이 모두 도움이 된다. 마음도 근육처럼 꾸준히 관리하고 단련해야 한다. 우리는 아플 때 운동하지 않는다. 미리 운동해 쌓인 근육으로 아픈 시기를 버텨낸다. 마음도 마찬가지다. 힘이 하나도 없는 상태에서 무조건 하는 것이 아니다. 힘이 쌓이고 내 상태가 조금 나아진다면 조금씩 마음의 운동을 시작하자. 그렇게 쌓인 체력은 마음의 건강을 지켜줄 것이다.

먼저 질환에 대해 이해하기 위해선 질환명(중독이면 중독, 우울이면 우울)으로 검색해서 나오는 책 중 마음에 드는 책을 읽어보자. 가장 추천하는 방법은 다음과 같다.

1) 목차를 보고 끌리는지 확인하고 2) 가장 궁금한 부분을 발췌해서 읽어본 후 3) 잘 이해가 되는지, 읽는 데 거부감이 없는지 확인해 보는 것이다. 너무 쉽거나 너무 어려워도 읽기 어렵다. 혹은 글체가 너무 차갑다고 느끼거나 지나치게 다정해도 읽기 불편할 수 있다. 편한 책을 먼저 읽고, 그 책으로 익힌 내용을 기반으로 조금 더 어렵고 전문적인 책을 읽어가는 방식이 좋다. 한 번 읽는 것으로 끝낸다고 생각하지 말자. 여러 번 반복해서 읽어야 이해도 더 잘되고, 상황에 따라 마음에 와닿는 문장이 다를 수 있으니.

◆ 공감하고 대화하는 방식에 도움이 되는 책으로는
《비폭력대화》나《당신이 옳다》를 추천한다.

마셜 로젠버그 저/캐서린 한 역,《비폭력대화》, 한국NVC센터, 2017

정혜신 저,《당신이 옳다》, 해냄, 2018

◆ 정신질환은 뇌의 질환이다. 따라서 뇌과학에 대한 이해가 환자의
이해를 크게 돕는다.

앨릭스 코브 저/정지인 역,《우울할 땐 뇌과학》, 심심, 2018

바버라 립스카, 일레인 맥아들 공저/정지인 역,《나는 정신병에 걸린 뇌
과학자입니다》, 심심, 2019

◆ 보호자의 투병기, 보호자를 위한 매뉴얼이 나와 있는 책 중에서는
《딸이 조용히 무너져 있었다》,《우울의 바다에 구명보트 띄우는
법》을 추천한다.

김현아 저,《딸이 조용히 무너져 있었다》, 창비, 2023

오렌지나무 저,《우울의 바다에 구명보트 띄우는 법》, 혜다, 2021

◆ 본인이 쓴 투병기를 읽는 것도 큰 도움이 된다.

이하늬 저,《나의 F코드 이야기》, 심심, 2020

리단 저,《정신병의 나라에서 왔습니다》, 반비, 2021

제시 베링 저/공경희 역,《나는 죽으려고 했던 심리학자입니다》, 더퀘스트,
2021

체크리스트 출처

pp. 73~74. 우울
한국어판 우울증 선별도구; PHQ-9(Patient Health Questionnaire-9)

pp. 86~87. 불안
한국어판 불안장애 선별도구; GAD-7(Generalized Anxiety Disorder-7)

pp. 101~102. 번아웃
한국어판 일반직 종사자를 위한 직무 소진 척도 MBI(Maslach Burnout Inventory)를 참고하여 구성

pp. 115~116. 성인 ADHD
세계보건기구 성인 ADHD 자가보고 선별척도 DSM-5판; WHO ASRS (Adult ADHD Self-Report Screening Scale)

pp. 129~130. 강박
예일-브라운 강박증상 척도-자가보고 버전(Y-BOCS-SR; Yale-Brown Obsessive Compulsive Scale Self Report)을 참고하여 구성

pp. 143~144. 불면
한국형 불면증 심각도 척도; ISI(Insomnia Severity Index)

pp. 155~156. 중독
한국어판 확장된 CAGE 설문을 참고하여 구성

pp. 168~169. 트라우마
한국판 외상 후 스트레스 장애 체크리스트-5/ K-PCL-5(Korean version of PTSD Checklist for DSM-5)를 참고하여 구성

전문의가 알려주는 정신과 사용법

초판 1쇄 발행 2024년 12월 23일
초판 2쇄 발행 2025년 1월 20일

지은이   나해인

펴낸이   한선화
책임편집   이미아
디자인   onmypaper
홍보   김혜진
마케팅   김수진

펴낸곳   앤의서재
출판등록   제2022-000055호
주소   서울 서대문구 연희로 11가길 39, 4층
전화   070-8670-0900
팩스   02-6280-0895
이메일   annesstudyroom@naver.com
인스타그램   @annes.library

ISBN   979-11-90710-93-0 03180